昭和天皇――畏るべき「無私」

Ken-ichi Matsumoto
松本健一

ビジネス社

まえがき

女性は天皇にはなれないのか。――このテーマで、わたしが所長をつとめる比較文明文化研究センターが公開シンポジウムをひらいたのは、二〇一三年二月十六日(於麗澤大学)のことだった。

講演者は、『伏見宮――もうひとつの天皇家』(講談社)などの著作をもつ、近代の皇族・華族制度研究家の浅見雅男さん、『近現代の「女性天皇」論』(展転社新書)などの著作をもち、さいきんは「女性宮家」の創設についても盛んに発言している所功さん、そして『畏るべき昭和天皇』(新潮文庫)や『明治天皇という人』(毎日新聞社)などの著作があるわたしの三人だった。

そのシンポジウムの冒頭で、わたしは「女性は天皇になれないのか」とみずから問うて、「なれない」と答えた。理由は、現行の皇室典範に「皇位は、皇統に属する男系の男子が、これを継承する」(第一条)とあるからだ。天皇は「男系の男子」でなければならない、と主張する伝統主義者は、この皇室典範に日本の美しい伝統がある、というのである。しかし、そんな伝統は明治の皇室典範以来、たかだか百二十年のものにすぎない。皇室の二千年に及ぶ歴史のなかでは女性天皇は何人もいたのである。

それに、皇室典範には「天皇及び皇族は、養子をすることができない」（第九条）とあるが、近代天皇制の根幹をほとんど形づくった十八世紀末の光格天皇——本書第二章を参照されたい——その人じしんが、養子だったのである。

それやこれやで、皇室の存続のためにはどうしたって、明治以来の皇室典範をほぼ引き継いだ現行の皇室典範の改正が憲法の改正とともに考えられてしかるべきなのである。いや、日本国の良き存続のために、天皇制はどのような形態であるべきなのか。いまわたしたちは考えるべき時期に来ているのではないか。

第二次安倍晋三政権が発足してから半年になるが、自民党がかかげている憲法改正草案には、天皇を「国の元首」とする条項がある。この条項は、明治憲法の「天皇ハ国ノ元首ニシテ統治権ヲ総覧シ、此ノ憲法ノ条規ニ依リ之ヲ行フ」（第四条）を想起させなくもない。いずれにしろ、天皇は権力から切れ、民族の永続性を象徴する文化システムであるべきだと考えるわたしなどは、この自民党の憲法改正草案に反対である（もっとも、この草案は、谷垣禎一総裁のときに決定された）。

本書は、二〇〇七年に刊行された『昭和天皇』の新装改版であるが、終章にも記されているように天皇制のありかたを考えることは「日本の国のあり方とその未来を考える」ことに通じている。

第二次安倍政権の発足にさいして、本書の終章にある、

「安倍晋三新首相の唱える『美しい国』は、どうやら『強い国』と同義であるようだ。文化的

に強い国であるならいいが、軍事的に強い国をめざし、その強い軍事力と皇室が結びつけられるようことが万が一あれば、日本は大日本帝国憲法時代の過ちを繰り返すことになる。」
という言葉を、わたしはここで改めてのべておかなければならない。

二〇一三年六月二十日　うっとうしい梅雨の日に

松本　健一

本書は二〇〇七年に刊行された『昭和天皇』（ビジネス社）の新装改定版です。

目次

第四章　皇室の危機と現代

写真提供／近現代フォトライブラリー

第一章

畏《おそ》るべき昭和天皇

昭和天皇と反逆者

〈記憶の王〉が思いだしたくない三人

かつて『昭和天皇伝説――たった一人のたたかい』（一九九二年、河出書房新社刊。現在は朝日文庫）という著書でもふれたように、昭和天皇は〈記憶の王〉と呼びたいくらいに、非常に精確に、昭和史にかかわる人物の名前を記憶にとどめていた。それに、その人物の発言内容についても覚えていて、何年も後にその発言に対して、かれはかつてはこう言ったではないか、前はそう言っていたのに今度はこう言うのかとか、われわれがほとんど名前も知らないような有末精三《ありすえせいぞう》という軍務課長クラスの人物のことをわざわざ取り上げたりすることもあった。

たとえば、満州事変を作成した関東軍の参謀石原莞爾《かんじ》について、昭和天皇は、二・二六事件のときの石原（当時、戒厳司令部参謀）の対応はなかなか見事であったけれども、かれが満州事変でやったことを考えると石原というのは本当はどういう人物なのか私にとってはわからない、という言い方をしている。昭和天皇は最初から蹶起《けっき》青年将校たちのことを「反乱軍」と呼んでいたくらいで、そういう断固たる意思によって自分が鎮圧に向かうぞ、と宣言したくらいの政治的人間だったわけだが、それに近いような反応をして全くゆるぎがなかったのが、二・二六事件のときの石原莞爾だったのである。

他の人々は、青年将校の言い分もわかる、蹶起したことも同情に値するとか、かれらが言うように軍人首班の内閣を作ったらどうかとか、あるいはかれらが真崎甚三郎を首班にと言っていると聞くと真崎の方はにんまりとしたとか、それぞれの立場に応じて青年将校たちの意向に添うような動きをすることになる。いちばん辛い立場にいたのは本庄繁《しげる》という人物で、侍従武官長であったかれは自分の娘婿の山口一太郎（青年将校の一員であり兄貴分的な存在）がいるためにどうしても青年将校たちに寄り添った発言をする。結果としては鎮圧をやるにしろ、かれらが自決をするならば天皇から勅使を出して「ご苦労であった」という言葉を与えてほしい、というようなことを本庄繁は言うわけである。それに対して昭和天皇は「何を言ってるんだ、勅使などもってのほかである」と言った。

天皇の意識のなかでは、二・二六の青年将校は「反乱軍」と最初から決まっているのだからそう言うわけだが、石原莞爾は昭和天皇とならんで「断固討伐」という意思を最初から最後まで変えることがなかった。そのことを昭和天皇が知っていて、敗戦後の『昭和天皇独白録』のなかでは、石原莞爾という人間はどういう人間であるかよく判らない、と言っている。なぜなら、石原の二・二六事件のときの対応はまさに正しく揺るぎがなくてよかったと思うけれども、昭和六年の満州事変のときにはかれが天皇の統帥権を盾に取って関東軍を暴走させているからで、そのとき石原莞爾はまだ中佐であるから、天皇が中佐クラスの軍人の動向に関してもかなり詳しく知っていたことになる。

戦後の歴史のなかでは、われわれは石原莞爾が満州事変でどういう動きをしたか、それは知っているが、昭和天皇は当時中佐だった石原が満州事変を起こしたときの言動についてもリアルタイムで非常によく知っていたのである。それより三年前の昭和三年には河本大作の張作霖爆殺事件があるが、あのときの河本は大佐であるから将軍のように天皇にお目にかかったりするランクではない。それに河本はずっと満州にいるわけだが、天皇はかれの張作霖暗殺の情報は全部押さえて「暗殺はよろしくない」と言っているし、同じように昭和六年の満州事変のときの石原莞爾の言動もちゃんと記憶にとどめているのである。それでその五年後の二・二六事件のときには、はて、あの人物がこういう断固たる一貫した政治的に正しい行動をとったのかと言い、それからまたちょうど十年たった戦後になって、その二つの石原莞爾の関わった事件を思い出して、石原という人物はどういうふうに捉えたらいいのか判らない、と言う記憶の確かさには、驚嘆せざるをえない。

そして、それらを記憶にとどめて、自分が歴史と対峙し政治を行なう場合の指針にしている。昭和天皇はそういう政治的人間だったとおもわれる。四六時中日本の政治というものを、あるいは政治と天皇とのかかわりということを考えていたわけだから、常人の知識の問題ではなくて、そこの分野における記憶はものすごく繊細であるし、それを歴史的に捉えて、政治に活かしていくという方法をとっていたのである。

その〈記憶の王〉が自分の記憶の中には強くとどめながらも絶対に口に出したくないと思った人物が三人いる、というのが、『昭和天皇伝説』におけるわたしの仮説である。だが昭和天皇じしんが口に出していないのだから、普通の歴史家が昭和史を書いても、そういうことは文献には出てこないから、歴史記述のなかには書けない。証拠がないわけだ。けれども歴史を書く人には、そのような文献として表れていないものも、可能性として読み込んでいくことは必要ではないかとおもう。それゆえに、わたしは〈伝説〉というパラダイムを用いるのである。

昭和史の事件のなかでいえば、二・二六事件の北一輝という人物と、大本教事件の中心人物になった出口王仁三郎《でぐちおにさぶろう》（正確にいうと、これは昭和十年の「大本教の不敬事件」といわれる第二次大本教事件で、大正十年に第一次大本教事件があるのだが、そのときは昭和天皇はかかわっていない）。そして昭和四十五（一九七〇）年に「天皇陛下万歳！」と言って死んでいった三島由紀夫。この三人は、昭和天皇が記憶はしていても口に出したくなかった人物だろう、とわたしはおもうのである。

出口王仁三郎と〈もう一つの天皇制〉

昭和史のなかでというか、日本の近代史のなかでこの三人は、天皇制のあり方について体制の中の枠組みとはちがったかたちで考え、また自分のそういう思想を表明し、結果として天皇制によって拒絶される事件を起こした。これは、かれらが最終的には昭和天皇の考える時々の天皇制のあり方に抵触するような考え方であったからだとおもわれる。

時代順に述べていくと、昭和十年の大本教事件の中心人物であった出口王仁三郎は「天皇制ファシズム革命」とでも言えるような構想をもっていた。これは要するに現実の明治憲法下での神権天皇制ではなくて、言ってみれば〈もう一つの天皇制〉をつくってしまおうという構想である。

天皇は明治国体イデオロギーのなかでは「現人神《あらひとがみ》」——正確にいうと、これは昭和十年の国体明徴《ちょう》運動のなかで明確にされた考え方である——というより、まだ大日本帝国皇帝という位置付けのほうが強い。昭和の国体明徴運動のなかで現人神と捉えられたわけで、これをそのまま引き受けて東條英機（当時、陸軍大臣）が作った『戦陣訓』のなかで天皇の位置付けは現人神となった。日本は天皇を現人神とする「神の国」というわけだが、これに対して出口王仁三郎のすごさというのは天皇制の「神の国」ではなくて、大本教の「艮《うしとら》の金神《こんじん》」を神様とする「神の国」をつくろうとしたことである。つまり〈もう一つの天皇制〉をつくろうとしたわけである。

その意図をうかがわせる具体的な例はいろいろ挙げることができる。たとえばかれは満州まで出かけて行くわけだが、そのさい閲兵式の大元帥・天皇のように白馬にまたがって信徒の前に現れる。そのころ大本教の信徒は一〇〇万人といわれているくらいの大勢力になっていて、軍隊に近いような青年団をつくり、昭和神聖運動というものを起こした。この「神聖」は天皇を神聖と考えるとも受け取れるのだが、じつはスサノオを先祖とする大本の神こそが神聖であるというアンビバレンツを内包しているのである。

天皇と同じように信徒の前に白馬に乗って出てくる、あるいは自分の号も天皇の「裕仁《ひろひと》」に対して「尋仁《ひろひと》」とする、自分の甥などにも「〇仁」と皇室と同じような名前の付け方をする、あるいは娘たちに十六弁の菊の御紋の帯を作ってやるというような行為は、王仁三郎の天皇になってしまお

昭和天皇は戦前、初雪号と吹雪号の２頭の芦毛馬に騎乗されていた

うという野望、それに近いようなかたちで神聖なるもう一人の天皇になろうとしたようにみえる。だがそれは権力を奪取しようというよりも、天皇の力を借りて言ってみれば大衆救済をしてしまおう、あるいは貧困というもの、不平等なるもの、不正というもの、それらを全部正して世を立て直していこうという動きになるわけで、だからアンビバレンツになる。

出口王仁三郎のおもしろいところは、日本がなぜ乱れた国になったかというと、アマテラスだけが唯一、正統な神であると認めてスサノオを神の国から追放し、艮（東北の方角）の鬼門に押し込めたという神話を作ってしまったからだと考える。そして大本教が主張する「艮の金神」とは、スサノオを追放するのと同じように艮に押し込められた神様のことである。艮への押し込めは要するに差別の構造、あるいは抑圧の構造であり、これが日本を乱れに導いたのだと考えた。だから東北の鬼門に押し込められた神＝鬼たちを、あるいはスサノオを、神様に戻すようなかたちで解放してやらなければならない、貧しい者も救いあげてやらなければならない、という発想になってくるわけである。

そのため当時の支配階層のなかから弾圧されていった人々、あるいはそういう体制のなかで苦しまざるをえなかった人々がたくさん大本教に入ってくることになった。そして信徒が一〇〇万人になる。そのなかには、軍人たちもかなりたくさんいた。

軍人はエリート、支配階級ではあるのだが、明治の体制のなかにおいては軍人は金持ちでない人がなっていく。明治体制下では軍人のための士官学校、教師のための師範学校、役人のための法律学校（初めは国立）はともに、国家建設を支える基軸の人間形成の場で、学費はいらないのである。金持ちは学問を自弁で受けられて一高、帝国大学に入っていく人々である。

地方の貧しい人々、あるいは賊軍と呼ばれた東北地方の人々、頭はいいが家が貧しくて軍人になった青年将校たちも含めて、心にルサンチマン（怨恨）をかかえる人々が大本教に対して非常にシンパシーを持つことになり、そういう東北の鬼門に押し込められた人々を世に出していくという形をとることで、ファシズム＝革命化する。それが大本教が不敬に近いのではないかとみなされる大きな理由である。これが大本教不敬事件になる。

また、王仁三郎本人が有栖川宮熾仁《たるひと》親王の落とし胤《だね》と思わせる言動をする。そういうことをやると不敬とか言わざるをえないところがあるが、けれども王仁三郎は「鎮魂帰神法」という方法を完成させる。それは、押し込められた者の霊、裏切られた者の声を聞くというかたちで大本教の鎮魂帰神法が作られ、そういう宗教運動というより、大衆の解放運動として大正維新運動、昭和維新運動を起こしていく。

こういう運動をやっていくことによって大本は、もう一つの天皇制を作ろうという、言ってみれば天皇制ファシズム＝革命という構想になってくるわけで、天皇にとってみれば、この人物の革命は天皇制の乗っ取りのように見えたはずで、大本＝王仁三郎については語りたくないと思っていたにちがいない。

さらにおもしろいことに、三島由紀夫が「などてすめろぎは人間《ひと》となりたまひし」というキーワードをもった『英霊の声』という作品を書くことができたのは、その大本教の鎮魂帰神法を学んだからである。それによって、裏切られた者たちの霊が声をあげ、それを聞くことができる。三島によれば、「なぜ二・二六事件のときと特攻隊が死んでいった終戦のとき、そのときにこそ天皇は神であるべきであったのに、じつは私は人間であるという宣言をして、英霊たちの声を裏切っていったのだ」という主張になるわけだ。

北一輝の〈天皇機関説〉

さて、その天皇制のかたちの問題であるが、北一輝などはいわゆる天皇機関説の思想をもっていた。昭和天皇じしん、天皇機関説をとっており、国体明徴運動のときに「御上《おかみ》は現人神説ですか、天皇機関説ですか」と聞かれて、「私はお前たちと同じ体をしているのだから人間だ、神であろうはずがない」と答え、個人としては人間だけれども、天皇制というのは一種の立憲君主制のシステムであって、天皇は国家運営のための機関にすぎないということを明確に意識していたわけで、そのような発言もしている。

では自分と同じように天皇機関説をとっている北一輝のことは危険視しないかというと、そんなことはない。天皇じしんが国家運営のために機関としてふるまう——自分の名前によって戦争をはじめるとか政治を行なうとか議会運営を行なう、ということは当然のことである。だから天皇にとってみれば帝国大学の美濃部達吉とか一木喜徳郎《いちききとくろう》という総長（かれは大正時代に侍従長もやるわけだが）、かれらの天皇機関説に対しては危険視していない。かれらの解釈は、自分と同じように、天皇の名前を使って国家運営をしていくということだから危険ではないわけである。自分がそうするわけだし、天皇のまわりの支配階級も支配イデオロギーに立脚する学者たちもそういうことは知っている。

これは久野収《くのおさむ》の考え方によると、天皇制「密教論」である。天皇制に対する密教的考え方が天皇機関説であって、天皇制の中枢にいる人々は天皇は国家運営の機関であるということを知っている。ただ、国民に教えるときには顕教、つまり天皇は現人神であるというふうに言って絶対的に信奉させる、あるいは服従させたほうが国家運営はやりやすいわけだから、支配層はそういう方法をとったと考えられる。だから昭和天皇は国家中枢にいる美濃部達吉や一木喜徳郎らの天皇機関説は少しも危険だと思っていなかった。では、どういう人々が危険視されていたかというと、その代表が北一輝である。

もう一人代表的な天皇機関説論者がいて、それは斎藤隆夫である。明治の二十年代後半にすでに天皇機関説を言っていて、天皇は国家運営のための機関であると著書にも書いている。しかしかれの場合は、天皇という機関を使って国民の代表の政党が国の方針を議会で決めていくという考え方である。政治を実際に決めるのは議会であり、そのときは政党が互いに意見を言い合って議決をしていくというかたちをとる。天皇機関説に立脚しながら、国家運営は実際には政党が議会という場をつかって決定していくというものである。天皇機関説であっても、それを使って国家運営をするという方向であるから、方向性においては昭和天皇と変わらない。天皇が重臣と相談しながら命令を出すのと、議会で決めていくという違いはあるが、重臣たちも議会の決定にのっとるわけで、立憲君主制とはいいながら、内閣の決定も議会政治で決議されねばならないわけだから、それは矛盾しないことになる。

ところが、斎藤隆夫のばあいと違い、北一輝の天皇機関説だけは、天皇が国家運営の機関であるということは知っているけれども、それを逆手にとって天皇の名前を使って革命をしてしまおう、革命政権が天皇の名前を使って憲法を変えてしまおうということであるから、これは天皇機関説を革命の手段として使おうという考え方であって、天皇からすれば危険視せざるをえない。天皇機関説といいながら三者にはそれだけの違いがある、ということである。

北一輝という人物は「天皇を奉じて」のクーデターを行なおうとして、それに成功しそうになった。なぜかといえば実際に軍隊が動いたからである。青年将校が動いて、そして場合によっては、天皇がもしも自分でものを考えないで重臣たちが決めたとおりに、議会が決めたとおりにだけやる機関=ロボットであったなら、あるいは北一輝の言葉でいうとデクノボーであったりすれば、クーデターは成功したわけである。ところが実際には、昭和天皇というのは自分で「君臨すれども統治せず」のイギリス風の立憲君主でありたいと思いつつ、最後のところで、みずから天皇の名前を使って断固たる政治をやる。そういう意味でいうと、非常なる政治的人間であった。

昭和天皇は議会政治がうまくいかなくなってしまった昭和十年ころからは、唯一の政治家といってもいいくらいの力量を発揮する。具体的にいうと二・二六事件のときにも、戦争を終結させるというときにも、天皇の断固たる決断があって、そしてその決断の責任をとっていく、という政治的人間として、昭和天皇はあったわけである。

だから、北一輝は二・二六事件のときに、思想的指導者だったといわれて死刑になってしまうわけだが、「もしも本当に私が指導するつもりがあったならば、軍隊を指揮する役割が求められたとするならば、皇居を取り囲んで天皇の言葉がひとことも漏れないようにして、『天皇はこう言っている』と国民に言って、革命政権を成立させてしまっただろう」という弁明になるわけである。これはもちろん、非常に危険な思想であるといっていい。だから昭和天皇は、北一輝のことは記憶していたにしても絶対に口に出したくない、とおもう。

天皇が北一輝のことは記憶にとどめているだろう、とわたしが勝手に推測しているのではない。北一輝は大正九年のはじめに東京に戻って来たとき、上海で法華経を八巻全部そろえたものを昭和天皇に献上している。そのときには摂政で、皇太子であったけれども大正天皇が病気なので代わりに政治をやっていたわけで、北はその皇太子に法華経を届けていて、その受取証も出ている。自分が政治を正すと考え、日蓮宗の用語でいうと昭和天皇を折伏《しゃくぶく》するような位置として北一輝は立っているわけである。受取証が出ているわけだから、もしかしたらそのときに北一輝の名前は記憶にとどめていた可能性もある。

それだけではない。昭和天皇が長子《ながこ》妃殿下をもらうときに、色盲の遺伝があると山縣有朋ら長州

1924（大正 13）年の良子女王とのご成婚時

閥の連中が言い出した。これは要するに長子女王は薩摩系の人脈のなかから妃殿下に選ばれてきたわけで、長州の連中とすると面白くないわけだから、天皇を操るために非薩摩系の方がいいという考えをもっていたらしく、色盲の遺伝があるから妃殿下としては相応しくない、と言ったわけである。この運動をつぶすことを東久邇宮家から頼まれたのが、北一輝だった。それゆえ、昭和天皇の人生のなかでは大正時代に法華経を献上することに始まり、結婚の儀の成就が北一輝の策動によって山縣有朋の密謀を打ち砕くというかたちになった。そして、北一輝のこの働きは東宮御用掛の杉浦重剛によってちゃんと認められているのである。

杉浦が何者かというと東宮御学問所の中心人物で、天皇に倫理を御進講する役を担っていた。つまり、帝王学で、倫理——帝王というのはいかにあるべきか、を教える役割である。その東宮（のちの昭和天皇）の指南役の杉浦重剛が、この事件のとき、わざわざ北一輝のところに来てお礼を言うというかたちをとっているわけだから、杉浦がそれを知っているということは昭和天皇のところには何らかのかたちで伝わっている、と考えるのが自然だろう。今度の結婚がとどこおりなく行なわれたということはこういう人物が動いたからですと言ったか言わないか、それは記録を残さないからわからないが、そういう大きな決定に北一輝が関わっているということである。だから、天皇は必ずどこかで北の名前を記憶にとどめていったと考えられる。

そして二・二六事件のときに北の名がまた出てくるわけだから、皇室のあり方とか将来とか、天皇機関説と国家の関係ということを考え続けていた昭和天皇にとってみれば、そういう思考の網のなかに引っ掛かってくる人物の名前は忘れるはずがないというのが、わたしの仮説である。しかし、その結果としては北一輝の名前が出てこない。ということは、記憶していても、天皇の役割を位置づける人物、あるいは天皇の革命原理としての位置付けについて発言をする人物に対しては、拒絶として口に出さないとおもえるのである。

天皇制下の民主主義

天皇自身は自分は神と思っていないにしても、日本は究極において「天皇の国家」であると思っているわけだから、天皇の主宰する日本国というふうに考えている。ところが、これに対して北一輝などは、われわれは「天皇の国民」ではない、「国民の天皇」であると逆転させていくわけだ。そういう意味でいうと、北が考えている天皇制のあり方――思想的にいえば国民国家を理想とし、君主制といっても「君臨すれども統治せず」というイギリスの立憲君主制的な君主のあり方に近いわけだが、ただイギリスと同じような立憲君主かというと、天皇は日本のなかの司祭でもあり、あるいは神主でもあるわけである。そういう日本国の見守り手であるという意識は戦前も戦後も変わっていないから、その意識のなかに天皇の位置付けを変えるような発想をする人物とか、自分の「天皇の国家」領域に踏み込んでくる人物というのは、記憶にとどめつつも絶対に許さない、という意識は非常に強くもっていたとおもう。

ついでにいうと、東條英機などはその天皇の領域にいちばん踏み込んでこない能吏であるわけで、つねに御上と考え、その意志に沿うように努力している。だから『昭和天皇独白録』のなかでも、「東條はなかなかよくやったじゃないか」という言い方で認めている。東條は必ず「御上」といって、実際には大本営が決めたり御前会議が決めたりするわけだけれども、そのときに決まったとおりに、「御上がこのように決めました」というかたちで遂行するわけであるから、これは言ってみれば忠実なる自分の部下であると昭和天皇はおもっている。そういう自分の意識の領域に入って来ない人物は使いやすいということがあるとおもう。そう考えると、天皇の固有の意識にズカズカと入ってくる人物は使いづらいというか、むしろ嫌悪感を抱くということになる。

同じように能吏である吉田茂。戦前はあまり関わりはないが、天皇との関係はなくはないのであって、皇太子時代にイギリスに外遊したときには吉田茂がちょうどイギリス大使館に領事としているわけで、そこらへんから関わりがある。かれは若い天皇の堂々とした態度や声に感動していたのだ。

戦後になると吉田茂が首相になる。昭和天皇の本心としては、ああいう敗戦に至る開戦の政治決定をしたのだから、その責任をとって退位をしたいとおもっていた。そういう意味でいうと、昭和天皇は戦争責任をかなり強く考えていたとおもわれる。けれども、天皇が辞めては国の統合の人物がいない、政治家には誰もできない、少なくともあの戦争をやった最終責任者が昭和天皇であるとするならば、その後始末をやっていくのも天皇である。それゆえ、退位など認めることはできない、と考えていたのが、政治家・吉田茂である。かれは能史を超えている。

だから昭和天皇が退位したいと言ったときに、吉田茂は不遜とも思われる態度でプイと横を向いてしまうのである。それを何回もやっている。昭和天皇は何度か退位を申し出ているが、吉田茂がそのたびごとにそれを認めず、無視するという態度をとっている。そのため、昭和天皇は吉田茂と連携したかたちで、連合国軍最高司令官のマッカーサーと対峙することになるのである。

アメリカ側とすると「連合国軍下の天皇」にしたかった。天皇は実際に最初にマッカーサーを訪問したときにはもう、「私はあなたにお委《まか》せする」と言ったわけで、マッカーサーの方とすると、これで私たちの言うとおりに天皇の名前を使って国の中を占領・統御できる、あるいは支配できると思ったにちがいない。

ところが昭和天皇が畏るべき人物であるというのは、最初は占領軍下の、もしくは連合国軍下の天皇であったのに対して、この外部権力を「あっ、そう」と受け容れながら、最終的には逆に天皇制下の占領軍あるいはマッカーサー、というかたちでねじ伏せていったような側面がある、と考えられることである。

占領後まもなく、マッカーサーから、天皇の神格化を否定するような宣言をしてくれと言われたときに、その草案を幣原喜重郎が作るわけだが、マッカーサーがこれでよろしいと言ったのに対して、昭和天皇は明治天皇の『五箇条の御誓文』をその前段にもってきている。いわゆる「人間宣言」をするのは一向にかまわないが、しかし天皇のもとに新しく戦後日本を作り直すんだ、民主主義もアメリカが押し付けた「戦後民主主義」ではなく、明治天皇が『五箇条の御誓文』でいっていたような民主主義、要するに天皇制下の国民主義であるというかたちにねじ伏せていくのである。

いわゆる「人間宣言」に『五箇条の御誓文』をわざわざ昭和天皇が書き加えた、ということを考えると、昭和天皇というのは、「あっ、そう」と一見じつに親和的な、にこやかに全てを受け容れるやさしい天皇という表情を見せつつも、じつは天皇制下のマッカーサーあるいは天皇制下の民主主義、天皇制下の戦後日本、というかたちで、国家権力を自分の手に取り戻していったのではないか、とおもわれる。そこが〈畏るべき天皇〉とわたしがいう最大の理由である。

三島由紀夫の〈美しい天皇〉

そうだとすると、戦後日本というものは三島由紀夫が批判するのと逆の意味で、天皇がつくったという側面があるのではないか。戦後日本には天皇が人間宣言をすることによって「みやび」なるものがなくなってしまった、「などてすめろぎは人間となりたまひし」と批判した三島由紀夫がいちばん憎んだのは、ある意味では戦後日本をつくった昭和天皇なのである。だから、三島は最期に「天皇陛下万歳！」といって一九七〇年十一月二十五日に自決していったが、これは天皇のもとに死んでいくというよりも、あるべき天皇――〈美しい天皇〉のもとに死んでいったわけであって、逆にいうと人間天皇に対して全否定をしたことなのである。全否定をする戦後の天皇のために「天皇陛下万歳！」と叫んで死んでいくというのは、まさにロマンティッシェ・イロニーでしかない。

自分が神とおもっているもの、絶対的に美しいとおもっているもののために死ぬというのだったら、これはまさに清純な忠義の死といえるけれども、そうではない、自らの美しい観念のために死んでいく、あるべき天皇はこうであるといって死んでいくというのは、まさにロマン主義者三島由紀夫のイロニーだとわたしは考えるのである。

三島由紀夫は『文化防衛論』(一九六九年)のなかで、政治概念としての天皇ではなくて文化概念としての、とどのつまり「みやび」としての天皇というものに価値を認めるといっているが、戦後日本のなかでは、昭和天皇はそういう意味でいうとまさに民主主義的な政治概念として行動した。しかもその昭和天皇の思考のなかでは、日本の政治というものは、究極において天皇によってになわれるというかたちで天皇制を考えていた。明治国体イデオロギーとは異なる意味で、日本を「天皇の国家」と考えていたのである。

三島由紀夫が「天皇陛下万歳!」といって自決していったことに関して、いちばん嫌悪感を抱いたのは昭和天皇であろう。つまり自分の考える天皇制のあり方に対して、ズカズカと踏み込んできたからである。昭和天皇が二度と思い出したくない、口に出したくない三人目の人物として三島由紀夫をわたしが挙げるのは、そのような理由からである。

わたしが一九八七年に著わした『三島由紀夫 亡命伝説』(河出書房新社、辺境社から増補新版)、これは「かけおち」伝説と読む。亡命と書いて「かけおち」と読むのが、江戸時代の使い方なのである。つまり、亡命というのは日本の文化のなかのコンテクスト(文脈)からすれば、メキシコに亡命するとかアメリカに亡命してしまうというのとは違うのだ。自分が所属している命籍《みょうせき》のある、今風に言えば戸籍のある所から無届けで脱出してはいけないのであって、他藩に移住する場合にはその命籍をもらって江戸なら江戸に行かなくてはならない。そうでないと江戸には住めないのである。そして今度は江戸に命籍を出して戸籍を作っていくことになる。ところが、そういうかたちを取らないのが、「亡命」「欠け落ち」である。つまり命籍から欠け落ちていくからで、それが女性と一緒に欠け落ちしていくとなると、駆けるように落ちていくから「駆け落ち」という言い廻わしを使うわけである。

そういう意味でいうと三島は、自分が本来所属すべきであるところの天皇制から、自分だけの〈美しい天皇〉を抱えて駆け落ちしていったのである。現実の昭和天皇のところからは遠く去っていったわけである。それゆえ、昭和天皇にとってみれば非常に面白くない存在というか、嫌悪感をもって記憶せざるをえないということになる。

三島の昭和四十五年十一月二十五日の自決のとき、まず侍従長の入江相政《すけまさ》がテレビで見た。『入江相政日記』（朝日新聞社、一九九一年刊）では「三島由紀夫が市ケ谷の自衛隊に乗り込み蹶起をうながして切腹。介錯で首を落とされたとの事。分らない事件である。一時四十分賜謁」とある。ということは、入江が昭和天皇に謁を賜って、こういう事件がありました、三島由紀夫が天皇陛下万歳を叫んで死んでいきました、というふうに報告したはずである。天皇はこのとき報告を聞いているだけだったのだろう。だが、翌二十六日の朝になって、入江が御前に出た際、昭和天皇のほうから「三島由紀夫のことを仰せだつた」と入江の日記にある。

二十五日午後からはテレビで三島がバルコニーで演説する映像が何度もなんども放映されたので、三島が「天皇陛下万歳！」といって演説した後、割腹したということを知っているわけであるから、そういうことを口に出されては迷惑である、というような思いだったのではないだろうか。天皇にすれば、戦後日本は必死に私が吉田茂と一緒に手を組んで、マッカーサーのあるいは連合軍の言いなりにならないように、「あっ、そう」といいながら押し返し、ある意味ではやり過ごして、日本をこのように平和で豊かで安定した状態に作りあげたのだ、と。

一九七〇年のことだからまだ高度成長のまっさかりで日本は元気があるときだから、極端にいえば、戦後日本を必死に私がこのように作ったんだ、と。それを、戦後日本の否定、戦後体制の否定とか、戦後日本のなかにはもう美しいものはなくなってしまったというかたちで昭和天皇を批判して、自決していった三島由紀夫に対しては迷惑であるという感想が強かっただろうとおもう。だから「三島由紀夫のことも仰せだつた」というその内容については侍従は絶対に明かさないけれども、昭和天皇と侍従長とのあいだでは三島由紀夫の名前も自ら出している。しかし外には一度も言っていない。黙殺したのである。

天皇は三島由紀夫が「人間天皇」を否定していたということも、もしかしたら『英霊の声』を読んでいないかもしれないが、その内容は知っている可能性が高い。天皇制のあり方について四六時中考えている人であるからだ。われわれがスポーツのことを考えたり女性のファッションのことを考えたりしている間にも、日本のなかの天皇制のあり方、そのことだけが天皇にとっての第一義の問題である――そういう人であるのだから、その認識に対する批判を述べるとか、ズカズカと土足で入り込んで来るような行為に対しては、非常に敏感であったろう、とおもうのである。

そういう意味では、二度の「御聖断」というかたちで、天皇は二・二六事件と終戦のときの決断について、すごい政治をやったということもできるが、それ以上にふれたくないものは無きものとして拒絶しているという意思において、もっとすごいとおもう。

「あっ、そう」と日本文化

昭和天皇の、自分の守るべき道は断固として守る姿勢については、こんなエピソードがある。今上天皇（明仁天皇）の場合には、戦後体制のなかで教育を受け、とくにクエーカー教徒のバイニング夫人などに人権教育も受けた。それは戦後民主主義的な、欧米的な考え方であるから、外国の大使などが来て握手を求められれば握手をするし、日本人に対しても握手をするというかたちをとる。昭和天皇の場合は、あるとき園遊会でどこかの知事か誰かが手を出したら、そのときに何と言ったかというと、「われわれは日本式でやりましょう」と手を握り返さないで、お辞儀だけをした。

昭和天皇はふだんは非常に大人しいのだけれども、そういうところは断固たる対応をした。逆にいうと、それだけ芯が強い人だったとわたしはおもう。「あっ、そう」と言っているから芯が柔らかいように捉える人もいるし、また周辺の人では、「あっ、そう」にはじつは六通りありますというバカな言い方をしているが、そんなことよりも昭和天皇の「あっ、そう」が日本文化のなかでどういう役割を果たしているのか、それを考えることのほうが重要なテーマだろう。

日本の外に大きな権力をもつ大きな文明とか、美しい文化とか新しい技術というものが次々に興ってくると、それをまず入れる——これが日本文化（民族の生きるかたち）の型なのである。けれども、それが日本にとって役に立たないものであると思ったときには、それは通り過ごさせていくのである。たとえば、ファッションの用語などは三カ月後にはもう役に立たない言葉になってしまう。カタカナ書きにして、いちおう受け入れるけれども、これは日本には必要ないものと、すぐに通り過ごさせてしまう。そういうところがある。

昭和天皇がこのような日本文化の型を体現しているのが、「あっ、そう」という言葉にほかならない。それは天皇個人の癖というよりも、日本文化の型というものを昭和天皇が「あっ、そう」という言葉で表現していたと考えるべきである。

日本文化の一つの究極の型としての天皇制というのは、すべてを取り入れていくように見えながら——たとえば奈良朝には仏教を取り入れたし、それから儒教や道教も取り入れたりしているわけだが——必要と思うものは通り過ごさせないために、古いものもそのまま保持している。

たとえば、皇室が一年の最初に行なう最大の行事は四方拝《しほうはい》であるが、これは天皇が十二月三十一日の深夜から早朝にかけて行なう。除夜の鐘が鳴り終わってから日の出までの真っ暗な時間、ここで道教の五行説でいうところの五番目の季節というのが現れてくる。春、夏、秋、冬、そして正月。その後に日が昇ってくる。日が昇ると同時に春になってしまう。正月というのがゼロ時間なのである。春になる前の、時間的にいうとゼロ時間といわれる時間帯、そこにおいて天皇が何をするかというと、私はまたこの一年間、天から戴いた力でこの地上を支配していきます、と祈るのが四方拝である。天というのはもとは道教の概念である。それを東西南北の四方を拝しつつ、中央という五番目の方角で行なうわけである。これが天皇が行なう最大の行事である。

映画「ラストエンペラー」などでも描かれているが、満州国皇帝（溥儀《ふぎ》）が奉天で満州国を作ったときの行事というのも、土俵と同じような正方形の土盛りの中央に立って、東南西北の神に拝んで、私はここで天からの権力を戴いてこの地上を支配していきます、というものだった。これは天皇家にいちばん古くから残っている行事である。ところが、おもしろいことに沖縄も同じなのである。つまりいちばん文明から遅れたといえばそうもいえるのだが、いちばん古いものを残し続けるというのも、沖縄や地方で行なわれている行事に見られる。

藤沢周平の『小説の周辺』というエッセイを読んでいたら、彼は昭和二年生まれだから小学校は戦前であるが、その小学生のときには一月一日は「式日《しきじつ》」といって学校に行き、全校生徒が集まって、東西南北の神様を拝んで、そして心を新たにして今年一年を始めていきます、という行事をした、と書いてあった。そういう日が「式日」という日で、昭和の戦前においては、彼の場合は鶴岡地方だが、四方拝を小学生がするという行事があったというのである。この話を、半藤一利さんにしたところ、じぶんたちもそうした、と回想してくれた。

その四方拝について、ある講演で話したら、講演録を読んだ淡路島の友人が、じつはわたしの家

1940（昭和 15）年、日本を公式訪問した満州国皇帝・溥儀と

でも正月元旦には四方にお香を立てて清め、これから一年わたしはこの家を治めていきますという行事をやるんだという。そしてその奥さんは中学の校長先生なのだが、淡路島の校長というのはやはり一月一日に学校へ行って、東西南北に全部お供えをするという行事を伝統的に行なっている、と伝えてくれた。

そういう意味でいうと、皇室は、二千年前に取り入れた道教行事などもちゃんと残していくというかたちになっている。天皇制に古いものが残っているけれども、それはすべて神道行事であるなんてことを考えると大間違いで、四方拝はまさに道教行事なのである。

それに、天皇制に日本文化の一つの極致があるといっても、たとえば天皇は和服を着ない。なぜかといったら、昔の言い方でいうと呉服屋さんといったように和服は呉服、つまり呉の服である。伝統的な奈良朝時代からの天皇の服装は袍《ほう》という着物の裾をずーっと長く引きずっていて、手も見えないようになっている。これは儒教も同じで手を見せないように、中華の伝統的な文（かざり）では手を袖の中に入れる形式である。

そのような伝統的な服だと歩くのも歩きづらいし馬に乗るのも乗りづらい。それに対して呉の服というのは本来、戦闘服である。馬に乗って戦争ができるように袴みたいなものをはき、袖は手首のところで切ってしまう。それは中華の伝統文化からは外れているもので、正統な中華文化ではない。皇室は正統な服装は受け入れて呉服の方は入れないわけである。もちろん後の世になると、呉服は絹でできた上等な織物と服という意味づけも出てくるが、最初は戦闘服であって、だから天皇

1928（昭和 3）年 11 月 10 日、京都御所での即位の大礼

家は絶対に呉服は着ないということになるわけである。皇后はのちに着るけれども、天皇というのは一つの文化的象徴であるから、本当は「天皇と皇后」というふうに、対では考えないのである。

そう考えると、天皇制が日本文化を象徴している、といっても、それはわれわれが考えるような、つまり呉服を着ている日本人が考えるような文化システムとは微妙に違うのである。要するに、皇室は日本国を維持するために役に立つものは道教であれ、儒教であれ、仏教であれ、あるいはフランス料理であれ取り入れる。明治になってからの皇室晩餐会の正式な料理は全部フランス料理であるし、イギリス王室が着ているローブ・デコルテみたいな服装は日本には伝統的にないのだが、そういう西洋のドレスや服さえ着るのである。

日本文化の永続性のために守っていくものは守り、新しく取り入れるものは取り入れ、捨て去るものは捨て去る、というシステムとして天皇制というものはある。それは日本民族が生きていくためのひとつの文化的伝統、民族の生きるかたちとして作り上げられている、というふうに考えていいとおもう。その民族が考えるかたちと皇室のそれとは時代々々で少し違うことがあるが、そういうものがいいと国民が判断した場合には、ちょっとタイム・ラグはあるけれども国民もまたそれを受け入れていくというかたちになる。

そういう意味でいうと、昭和天皇というのは歴代の天皇のなかでもかなり異色、傑出した存在であるといえよう。伝統的な一連の時代を生きたわけではないからである。大元帥や神とされるような時代においても、ある程度の役割を果たさざるをえないというところがあった。けれども天皇本

1935（昭和 10）年の昭和天皇

人は議会も必要だし政党も必要だし、そのなかで自分の「機関」としての役割を務める。しかし、二・二六のようなクーデターが起こると、あれは「反乱軍」であると、断固たる国家元首の立場をとったわけである。

文化としての政治

『私が愛する日本』という「文藝春秋」二〇〇六年八月特別号に、わたしは「代表的日本人一〇〇人を選ぶ」という座談会に出た。そのとき、代表的日本人の一〇〇人を選ぶにあたって、わたしは明治天皇を選ばなかった。というのは、明治天皇の行なった政治とか、戊辰戦争や日清・日露戦争のときの明治天皇の言動というのは、日本の皇帝の役割を務めることにおいては非常にうまくやった人だとはおもうけれども、しかしこうやるべきだということを決めてくれたのは、たとえば西郷隆盛だったわけである。明治十年までは西郷だったが、議会開設のころは伊藤博文、最後の方は山縣有朋や乃木希典が、こういうふうに動いてください、こういうふうに立ってください、こういうふうに国民の前に出てくださいというと、それをうまく演じてくれたという印象である。だから、たとえば日清・日露の開戦の詔勅だってみんな下の連中が作ってくれた。その果たす役割を充分されたということではあるけれども、明治天皇じしんが日本のかたちを決めたということではない。

昭和天皇の場合は、かれじしんが決めなければ決まらなかったことがいっぱいあるわけである。二・二六事件のときも終戦のときももちろん、その後の「人間宣言」の詔勅も。そしてマッカーサーとの対応にしても、外国の、自分より上に出てきた権力と対応して、それをやり過ごすなんてことは歴代天皇には経験がないわけである。匹敵するのは、古代の天武天皇、聖武天皇くらいであろうか。その昭和天皇を象徴する言葉が「あっ、そう」だ、というのが、わたしの考え方である。

天皇制国家の天皇は国家運営の「機関」、つまりデクノボーであってもよかったわけである。徳川幕府がうまくやってくれたり、あるいは徳川幕府によってないがしろにされているけれども、潰されたり絶滅の危機に陥らなくて済んだわけである。

光格天皇が即位したときだって、後桃園天皇に男の子がいなかった。どうしたらいいかという今と同じような皇室の存続の危機の事態になった。そのときに新井白石が、その三代前まで溯って天皇の血統の家が残っていたのでそれを宮家に取り立てる。それが閑院宮家《かんいんのみや》だった。そして、そのいちばん優秀だった第六子（兼仁《ともひと》）を天皇家の娘に婿入りさせたわけである。

それゆえ、いま皇室典範の問題で、皇統は「男系の男子」、婿養子なんてことはありえませんみたいなことを言っているけれども、婿養子としての光格天皇の存在は、新井白石が必死に考え、皇室を残し天皇制を永続させるために作った延命措置の結果なのである。歴史のなかでは、そういうことを何回かやってきているわけである。実際に残っていない神話のころに出てくる問題としては、そういうことがいっぱいあるにちがいない。

それから、明治天皇の場合では、明治維新のときはまだ十六歳だから、政治についてはほとんど何も考えられない。それまで京都の御所のなかにいるわけだから政治なんて分からない。それでも明治天皇は、子どものころ田中河内介《かわちのすけ》という侍従の背中におぶわれて毎日、京都の町のなかを見ていたという。そういう存在が明治維新では、国家統合の役割を果たすわけである。

それで、この明治天皇（睦仁）はただ単におぶわれているだけじゃなかった、ということがよく分かる話がある。それは後に田中河内介が薩摩藩によって斬られてしまうことに関わっている。田中があくまで長州藩側で尊王運動をすることが、薩摩からは目障りという存在になるわけである。つまり大和天誅組の乱みたいなものを起こしてしまうわけだから、政治にとっては余計な人物ということで薩摩が斬ってしまう。これに対して、明治天皇がいかなる目配りをしていたか。明治になってから、天皇が、俺をおぶって京都の町を歩いてくれた田中河内介というのがいたけれども、あれはどうしたと聞くわけである。

するとみんな真っ青になってしまう。維新政府の中核は薩長の連中なわけだけれども、薩摩の連中はとくに自分たちが斬ってしまったわけだから、答えられない。もちろん、最初は斬ってしまうとはいわないで、とにかくこの人物は薩摩の船に乗せて鹿児島まで連れて行くと、幽閉に近いようなことをするのだが、ところが実際には小豆島のそばで斬って海に投げてしまった。薩摩の武士たちはその後京都に出てくるときに必ず小豆島の脇を通るわけだが、みんな見たくなくてそこの所を避けていく。それで結局、小豆島の所には田中河内介が祟り神にならないようにと神社が造られるのだが、そこも薩摩の連中は見たくなかった。ともかく天皇の質問に対して、じつはそういう運命をたどりましたと告白する者がいた。竹田藩の小河一敏が、あの者は死にましたといっている。

明治天皇はちゃんとそういうことまで目を届かせているということも考えなくてはならないわけで、ただ単にロボットだったとはいえないのだが、昭和天皇の方はまさに国の政治を究極において自分がやったわけである。そうだとすれば、日本における政治というのは、まさに天皇が行なう〈文化としての政治〉という側面がある。政治権力だけで日本の政治を考えていると、大いに間違うというところがあるとおもわれる。そのことを、昭和天皇という存在は自ら示したということがいえるのではないだろうか。

第二章

近代天皇の誕生

光格天皇から昭和天皇まで

非常事態としての近代天皇制

天皇は文化的な連続性を象徴する、いわば民族文化の守り手だった。その意味で現在の象徴天皇制に近い形態だった。しかし、歴史上、天皇が政治権力あるいは軍事的な権力を握るような非常事態がまれにあった。それは大きく見て四回ほどある。

まず古代の天智・天武天皇の時代のとき、第二が後醍醐天皇のとき、第三が幕末の光格天皇から孝明天皇まで、そして最後に明治から昭和戦前までの約七十五年間の天皇の時期である。

これらの時期に共通する特徴は、対外関係の緊張である。日本人は島国の中に閉じこもって平和で豊かで安定した社会を作るのが、伝統的に得意である。それゆえ、対外的な関係に失敗すると、平安時代や徳川時代、戦後五十年にしても、平和で安定した時代が比較的に長く続く。そして、やがて再び対外関係の緊張という事態を迎える。

天智天皇のときに白村江で唐・新羅連合軍に負けると、日本は島国の中に再び閉じこもって国内秩序の建設に励んだ。そうして奈良時代から平安時代にかけて、長い間平和で豊かで安定した状態を保ち、国風文化が成熟した。ところが今度は後醍醐天皇のころに元寇を迎え、対外関係の緊張から、対内的な中心が求められるようになる。そこで象徴としてあった天皇が全権を掌握する権力的な存在として浮上してくる。逆に言うと対外的緊張がなければ天皇のもとにまとまれないのである。江戸後期の光格天皇から幕末の孝明天皇にかけては、ロシアの南下やアヘン戦争などに明らかなように、列強が軍事力を背景に通商を求めて日本にやってくる。

明治になると事態はさらに切迫し、西ヨーロッパの東アジア侵略という事態に対して、日本は急速に近代化して西洋風の国民国家を作っていかねばならなかった。そこで天皇を日本の中心とする体制（これを国体と呼んだ）を虚構し、西洋列強に対抗しようとした。天皇は民族的な権威の象徴でありつつ軍事力の忠誠心の対象となり、いわば政治権力化したのである。

天皇の権威を高めた光格天皇

近代天皇の形態が端緒的に現れてくるのは、十八世紀末の光格天皇からであり、それは明治時代の先駆けとなっていた。

江戸時代最後の天皇、孝明天皇は自分の子ども、のちの明治天皇に祐宮《みや》という幼名をつけた。これは実は光格天皇の幼名であった。光格天皇は皇室の中では聖天子として特別に重要視して呼ばれている。それほど光格天皇は、天皇の権威の上昇に大きな役割を果たしたのである。

光格天皇は長らく絶えていた天皇家のしきたりや行事を数多く復活させて天皇の権威を復活させた。しかし、光格天皇自身は閑院宮という、二代前に作られた傍系の宮家出身で、実父は天皇ではなかった。そこで一七八八年、天皇でもない自らの父に「太上天皇」という尊号を贈りたいと幕府に申し出た。

　そもそも江戸時代を通して天皇家の力は弱く、新井白石は、天皇家の役割は元号を変えるときに判を押すものだとも言っていた。しかし元号を変えることは時間の支配と考えることもできる。日本という空間を絶対的に支配しているのは幕府であったが、たとえば地震があったり、外国が来て非常に動揺したりしたときに、元号をたとえば「安政」や「文久」に変えるなどする。その時代の名を変えることも、時間の支配という形で、重大な意味を持っていたと言える。

　しかしあまりにも天皇や皇室の社会的な地位が落ちてきたため、幕府の権威を支えてくれる存在としてしっかりしてもらわねばと考えた新井白石は、皇室変革を提言した。そういった変革の延長線上に、光格天皇が父親に尊号を贈りたいという発想が出てきたのである。

　光格天皇は中山愛親《なるちか》大納言と正親町公明《おおぎまちきんあき》を江戸に派遣して幕府と交渉させるが、結局幕府からそれを拒絶する判決が下り、中山卿が閉門百日、正親町卿が逼塞五十日という処分を受けた。このときにはそれだけ幕府の大権が強かったのであるが、このように皇室が幕政の一方的処遇に抵抗しはじめ、自立しはじめたのが光格天皇の時であった。

　そして「……天皇」という天皇号が約九百年ぶりに復活したのが、まさに光格天皇以降であった。古代以来、九百年近く「……天皇」という天皇号は途絶え、代わりに「……院」という院号が死後に贈られていた。たとえば後醍醐天皇は、大正時代までは後醍醐院という院号で呼ばれていた。

「寛政の三奇人」と尊皇思想

諸改革により天皇の権威を高めた天皇に対して、亡くなってからはじめて光格天皇という諡号《し》を贈りたいと、公家連中が全員賛成の上幕府に諮問した。このことによって、九百年ぶりに天皇号が復活したのである。

光格天皇に諡号が贈られたときには、「天皇の号が今度世に出て　はっと驚く江戸も京都も」という連歌が作られたくらいに注目された。

そして、この光格天皇の時代に、高山彦九郎、林子平、蒲生君平のいわゆる「寛政の三奇人」が尊皇思想を世に普及させた。尊号問題をはじめ、皇室行事の復活など皇室制度の諸改革、そして徳川家との関係の変革などの光格天皇が行った上からの運動が、三奇人の下からの尊皇運動と結びついて、幕末草莽《そうもう》の政治的運動へと発展していった。

だが、なぜ上も下もそういう動きになったのだろうか。それは対外関係の緊張の高まりによるところが大きい。たとえば林子平は『海国兵談』で、日本を「海国」と捉え、今ロシアが南下してきているので、我が国は国防あるいは海防を視野に入れた防衛体制を築かねば、植民地化されるという危機感を顕わにしていた。それゆえ体制を変革しようと言うのである。

「勤皇の泣き男」とよばれる高山彦九郎も、蘭学者の前野良沢に会って、北方ロシアの脅威に危機を感じた。そうして、仙台まで旅をして林子平と時勢を論じている。ところが、幕府はこの民間の動きに神経をいらだたせて、林子平に著書の発禁を命じ、蟄居させている。

そういった情勢下に、光格天皇個人の変革思想と、草莽の尊皇思想家との間に立って、政治的な企てをする人物が現れる。岩倉具視の先祖である岩倉具撰卿《とものぶ》であった。岩倉家は五摂家《せっけ》の近衛家や七清華《せいが》の西園寺家などに比べると、はるかに下の貧乏公家の代表だったが、岩倉具撰は下からの尊皇思想家と、光格天皇による上からの皇室制度の変革を結びつける役割を果たした。もちろん彼は幕府を倒すところまでは考えていなかったのであるが。

岩倉具撰は、政治的な企みのもとに天皇と草莽運動家を仲介した。たとえば、彼は京都までわざわざ上京してきた高山彦九郎を岩倉家に寄宿させたが、寛政三年一月二十七日の高山彦九郎の日記によると、岩倉具撰が「白虹日を貫かんとする天象あり」と予言している。古来、白い虹が太陽を貫くのは、天に民の精忠が通じる現象だとされる。兵乱の兆し、とも。

この現象は現実に冬に起こることがあるが、わたしも幾年か前に見て、やはり少し異常な心理に陥ったものである。岩倉が実際に見たかどうかはわからないが、それをわざわざ高山彦九郎に伝える。

自分の尊皇思想を天皇に伝えにきた彦九郎は、御所への参内を許され、その思いがまさに伝わったという確信を持った。天皇は御簾《みす》の向こうにいて、岩倉が、これが高山彦九郎と申します草莽の人間ですが、天皇家の復権のために働いてくれています、といったことを報告した。すると天皇は昭和天皇と同じように「あっ、そう」という反応をしたのだろう、そのときに高山彦九郎が詠んだ歌が、「われを我としろしめすかやすべらぎの玉のみ声のかゝる嬉しさ」というものであった。

天皇のお声がかかっただけで感激した彦九郎は、やがて西国への処士横議の旅に出る。このようにして幕末の草莽による尊皇攘夷運動のような、上意下達ではない、幕藩体制を横に貫く志士の連携が始まったのである。

そうして白虹現象が現れた二カ月後、まだ岩倉の屋敷にいた彦九郎のもとへ、琵琶湖で緑毛亀を見たという友人の知らせが入る。緑毛亀は甲羅に緑の藻が生えた亀で、文治、すなわち世の中が文によって治まり、文化が非常に栄えるしるしとされる。彦九郎はその緑毛亀を手に入れて皇室に献上した。

ときの幕府の筆頭老中松平定信は、産業振興や財政改革もするけれども御所造営など皇室に対しても厚い処置をとった。ちなみに、光格天皇の在位三十七年の後半は文化という元号である。彦九郎は、松平定信が天皇家に対して厚い思いを抱いてくれることを期待し、皇室改革をする光格天皇と合わせて、文治の時代が始まると信じたのであった。

その後、高山彦九郎は熊本、薩摩の方まで旅を続け、最後は幕府と対立し、久留米で自決した。

三島由紀夫のあとを追って自決した村上一郎氏の『草莽論』（一九七二年）には、林子平、高山彦九郎、蒲生君平には横のつながりが強かったことが指摘されている。『幕罪略』という幕府の罪を告発する非合法文書がある。これは蒲生君平の作だと言われているが、書くようにすすめたのは高山彦九郎であるとも言われている。そういったところに処士横議という、幕藩体制を横に貫いて議論を広めていくという草莽が出てきた。

ここで告発されている幕府の罪は、まず皇室が武器も親兵も持てなくさせられていることで、それが幕府が軍事的、政治的全権を握っている理由であると告発している。また、天皇が幕府に与える官位を、自分たちで将軍が一位であるなどとしているのが罪だとか、宮中が文化的な存在だけになってしまって、外に出ていかずに二百年も京都の御所の中だけで生活をさせられているのも幕府の罪だとしている。

国体論と吉田松陰の役割

光格天皇の時代に、ロシアはカラフトの松前藩会所を襲撃したり、利尻島に侵入したり、高田屋嘉兵衛を連れ去る事件も起こしている。イギリスも長崎のオランダ商館を引き渡せと出現した。国内でもアイヌの反乱が起きていた。このような鎖国体制への外圧のなかで、外敵に対抗するには天皇という国の中心がなければならぬと主張する水戸学が起きてくる。

光格天皇の時代には徂徠学などの古学がさかんになっていた。古学とは中華の古代、堯・舜・禹の聖王の時代に文明の理想を求めていく学問である。しかしそれは中国に同化することになるから、日本には日本の古学があってしかるべきだという考えも生まれてきた。

そこで国学が盛んになる。光格天皇の時代に本居宣長が亡くなっているが、その頃にようやくナショナルな思想としての国学が自立してきた。外の世界に対して日本の精神的な防衛をするために、日本の固有性とは何かを古典（『古事記』や『源氏物語』など）に即して見きわめる必要があったからである。

これと連動する形で、国体論の考え方も出てくる。水戸学が日本における大義名分論としての国体論を言い出し、そうして吉田松陰は会沢正志斎から教わった上で、日本の国体（本質）は究極的には神聖なる天皇にある、と〈日本〉を発見した。その松陰の『講孟余話』を読んだ山県大華という長州藩の儒者は、国体などという言葉は南宋の朱子学が言い出したことであって儒教そのものの理想ではないと批判した。

そうだとすると水戸学はなぜ国体論を言い出すに至ったのか。実は儒学そのものがそういう発想を日本に強いたのである。儒学の要《かなめ》は大義名分論である。天が政治を皇帝に命じるところに名分があると考えるのだが、では日本には名分があるのかが問われる。その結果、水戸学は日本の名分は天皇にあり、それがすなわち国体であるという発想法を生んだ。

そして、一八二〇年代になってくると水戸にもイギリス人が上陸し、会沢正志斎は大義名分論の形で展開していた大日本史の研究を含めて、日本を守るための国体論を提起しはじめる。

それは、外国人の上陸を禁じていた時代にイギリス人が大津浜あたりに上陸した事件をきっかけにしている。当時は捕鯨のために来ていて生鮮野菜や水や薪がなくなって、そういうものを買いに上陸したのである。農民はお金がそれだけ儲かればいいから売ってしまう。それではわが国の体制が持たなくなる。こうして、水戸藩はイギリス捕鯨船員を捕らえるとともに、交易をした漁民三百人を逮捕するに至った。

会沢正志斎は『新論』を著し、外国とわが国を終いに分かつもの、それが日本の国体であり、民心がざわめき立っているときにこそ国家に中心がなくてはいけない、それが天皇だと考えたのである。

この大義名分論としての国体論を唱えた水戸学に対して、その国体論を幕藩体制の批判として革命的なイデオロギーにしていったのが吉田松陰だった。

それは「漢土においては始めに人民ありて、しかるのちに天子あり。皇国においては始めに神聖ありて、しかるのちに蒼生あり」という、国体が他の国と異なっていると説く論文である。国体とはその国だけにあるもので、「独」だと。つまり君臣の忠義という関係、親子の孝という関係、夫婦相和すという関係、兄弟の恭という関係、それから朋友の信という関係、要するに儒教でいうような人間の五常は、最終的には教育勅語にまとめられていくが、このような関係はどこの国でも共通にある道、つまり「同」であり、国体だけはその国だけの「独」であるという。

日本の場合は民心の中心に天皇があるというのが国体の形で、いままでは徳川の御代というふうに時代を呼んでいたのを皇国という天皇の国であると呼び変えていくことによって名が正しく改まっていく。これが名分論にもとづく革命論となる。

正しい名分はどこにあるかといえば日本の場合は天皇にある、これがわが国の「独」であると、国体論を徳川幕府に対する革命的なイデオロギーに変えていったのが吉田松陰の役割である。

その中にはすでに「神聖」なる天皇という言葉が出てくるが、これが大日本帝国憲法の「天皇は神聖にして侵すべからず」という文言になっていくのである。

神聖国家と世俗国家の微妙な合体

明治維新を原理主義的革命と考える一派は、天皇を神の子孫と考えるような神聖国家をつくる方向に向かう。水戸学あるいは幕末の平田国学は「天皇は神にましませば」という復古的な発想を持っていたからである。これは、島崎藤村の『夜明け前』にある、「すべては神の心であろうでござる」という発想にほかならない。

しかし、西洋の国民国家の急激な東アジア進出に対抗するには、権力が天皇に集中する具体的な専制君主的な形態をとらなければならなかった。つまり、天皇を神と考えるのではなくて、むしろプロイセン流の皇帝という形で、天皇を中心とした専制君主国家、それと国民国家を合体させる形をとっていかなければ、欧米列強（パワーズ）の国民議会によって派遣されてきた国民軍に対抗できなかった。

それまでの幕藩体制という地方分権の独立国家群から天皇に権力が集中した統一的な国民国家へという転換は、天皇は神聖なる神へと復古する形ではなく、むしろ近代の世俗的な国家が国民に権利を与えたり、信教の自由までをも与えたりするものとなった。天皇の詔によって国を治めるのではなく、天皇の命によって作られたとはいえ、国民が決めた憲法によって政治を行う必要が生じる。

世俗国家と神聖国家はこのように、憲法による政治と天皇の意思による政治との対立関係にある、ということもできる。明治維新の「広く会議を興し、万機公論に決すべし」という五箇条の御誓文は、天皇が天神地祇《ちぎ》に誓うという形で読まれた。このように神聖国家と世俗国家が微妙に合体した形で明治国家は出発する。しかし実際に天皇のことを知っている民衆は少なかった。水戸学の人々は知っていても、彼らは明治国家の権力的な中心には入らなかった。

むしろ西郷隆盛、大久保利通、木戸孝允らは幕末には天皇を「玉《ぎょく》」と呼んで、玉を幕府か薩長のどちらがとるかによって、つまり日本における大義名分をどちらがとるかによって革命の帰趨が決まった。そういう天皇機関説の運用の初期段階みたいな形が明治国家がつくられた時点ですでにとられた。逆に言うと天皇という「玉」をもし幕府が握りつづけていたら、まだ天皇を中心とする明治国家はつくられなかったはずで、実際は微妙なところだった。

佐久間象山が元治元年に暗殺された理由は開国思想家であったからだとこれまで言われてきたが、そうではない、というのがわたしの考えである。横井小楠《しょうなん》や勝海舟、あるいは幕府の中枢にいた川路聖謨《としあきら》をはじめ、松平春嶽、大久保一翁など、開国思想家は幕府の側に数多くいた。薩長の志士にしても西郷隆盛をはじめとして、むしろ幕府を倒すための手段として攘夷を唱えるだけで、開国思想家は多かったのである。

実は佐久間象山は遷都論、天皇の遷座論を唱えたために危険視され暗殺されたのだった。長州の兵が上京し、元治元年に禁門の変を起こした。長州は、会薩同盟という公武合体派の文久三年のクーデターによって奪われた天皇を、自らの手に取り戻そうとしたのだが、これに対して天皇を長州軍に持っていかれてはならぬと、佐久間象山は自分の弟子の会津藩の山本覚馬、広沢安任、幕府の鉄砲奉行小林祐三の三人ほどの僅かな人物に相談して天皇を琵琶湖に連れだし船に乗せて、彦根藩預かりにする。将来的にはそのまま江戸まで持っていってしまうことまで考えた。

これはつまり、「玉」を幕府が握ってしまう戦略だった。その象山の戦略の危険性を最も強く感じ取っていたのは桂小五郎、のちの木戸孝允だった。桂小五郎はもし禁門の変で負けても天皇だけは奪って、まずは姫路に、いずれは長州まで連れていってしまおうと考えた。佐久間象山を中心とした公武合体派の幕府に対立する形で、木戸孝允とともに薩長連合を推しすすめて倒幕を考えた大久保一蔵（利通）は、戊辰戦争のときに今回の戦争の勝敗はどちらが「玉」を握るかだと明確に言っていた。

孝明天皇は幕府と協力しようという公武合体派で、皇室の権威が上がるのは良いが、西洋風の専制君主になろうとか、政治を自分たちでやっていこうとか、軍隊を持とうなどとは全く考えていなかった。最終的に天皇は腸チフスで急死したが、薩長の倒幕に与《くみ》した岩倉具視にとっては邪魔だったから毒殺されたとの説も根強い。

次の明治天皇は、明治維新のときに数え十七歳だったので、政治的な自覚はまだない。だから薩長が「玉」を自分たちが握ったと思っているのは、「幼冲《ようちゅう》の天子」を私《わたくし》に挟んで勝手にその名を使っているのだと土佐藩主山内容堂は批判した。山内ら公武合体派は、大政奉還という形で天皇に政治をお返しするというけれども実際には全国を政治的に支配しているのは徳川家であり、国会みたいなものが開かれたら徳川慶喜は国会議長、首相役をやろうと思っていた。そのため山内が、薩長は「幼冲の天子」を勝手に私に挟んだという言い方をしたとき岩倉具視は、聖天子に対して「幼冲の天子」とは何事だと怒鳴った。そこで土佐藩は、坂本龍馬が大政奉還から「船中八策」まで作成して、手に入れていた政治的な指導権を失い、薩長のあとについて倒幕路線に切り換えていかねばならなくなる。

五箇条の御誓文が発布されたときには、天皇が国の君主として天の神に誓い地の神にそれを報告するという形式をとったので、神聖国家と世俗的な国民国家がうまく不協和音を奏でることとなった。しかし、明治五年には神祇《じんぎ》官が廃止されて神聖国家の側面が破綻し、水戸学の影響を受けた人々、それから平田国学の影響を受けた人々が政府の中枢から消え去っていく。

立憲君主としての明治天皇

皇室は幕末から軍事力、政治力を持ってくるようになった。民間で朝廷と関わりがふかく、尊皇心の厚い十津川郷士が六カ月交代で第一親兵となって御所を護ることを志願した。また後醍醐天皇や後鳥羽院も流された隠岐島の人々が第二親兵とくに海軍親兵という形で天皇に仕えようと志願する。公家の学問所としての学習院もその頃、十津川と隠岐の双方に関わりをもつ中沼了三らの手でつくられた。朝廷と政治との関わりも、御所を護るという名目で各藩十万石について一人の親兵が出され、天皇の直属の軍隊がつくられた。

しかし実際の指揮権は各藩がまだ握っていた。そこで西郷隆盛は、明治になって天皇が直接指揮できる近衛兵の制度をつくった。天皇はそれまで直接軍事に携わることはなかったが、統帥権を規定した明治憲法がつくられ、やがて日清戦争に際しては明治天皇が大元帥服を着て軍馬に乗り、広島に置かれた大本営に向かうまでになる。

それを見ていた大正天皇の生母、柳原二位局《にいのつぼね》は、軍事や外交、財政などの政治は下々のする仕事であり、天皇家はそういう仕事をするものではない、と嘆いた。公家の人々にとって伝統的な天皇制とは、三島由紀夫が言うような「みやび」の象徴としての文化の伝統、いや、わたしの考えるところでは日本民族の永続性を見守る役割であった。

明治の初めには、天皇のあり方について、プロイセン流の立憲君主と中国の皇帝の二つの方針があった。これは実は、明治国家が復古的な神聖国家として形成されるのか、それとも近代の国民国家として形成されるのか、という問題に関わっていた。

仁和寺宮と、明治天皇の侍講だった儒者の中沼了三は、天皇は中国の皇帝のように天の言葉を聞く天子であり、その言葉のもとに実際に地上に君臨する聖天子であるとした。これに対し、佐久間象山の弟子で、明治天皇にドイツ流の立憲君主の道を進講した加藤弘之は、すでに幕末から憲法をつくることを主張し、立憲君主制の下での天皇機関説を説いていた。

中沼了三は神聖国家としての王朝の復活を説き、天皇が近代化して軍服を着るなどというあり方には反対だったため、やがて明治政府からは退けられていき、加藤弘之が教育するような立憲君主制が推進される。

しかし天皇の権威の重みを知っているといわれる政府首脳にしても、実際にはたとえば第二代首相の黒田清隆は首相になった際の演説で「天皇陛下」という字が読めず意味も分からないので「てんのうかいか」と読んだ。そのくらいこの明治前期の段階での天皇の権威は低かった。

ただ、日本はその後西洋文明をとり入れ、憲法もつくり国民国家の方向にすすむ。そこでの天皇の役割は当然のことながら立憲君主であったが、それをひっくり返したのが、明治政府の官僚となった、かつての薩摩藩士海江田信義であった。

「桜田門外の変」を起こした有村治左衛門の実兄にあたる海江田信義は、薩摩と水戸を結びつけた人物だった。最初に薩摩藩士として江戸に出てきた当時は徳川斉昭が尊攘運動に強い力を持っており、彼の懐刀であった藤田東湖に会った際に、薩摩の西郷隆盛や大久保一蔵を紹介し、薩摩と水戸が交流しはじめ、それが結果的に桜田門外の変につながった。

それはともかく、海江田信義は明治十四年に元老院議官になった。彼は理論家でもないし西洋文明のことを知っているわけでもなかったが、水戸学的な国体論を信奉していた。そのため海江田は、天皇の侍講である加藤弘之が西洋風に天賦人権説や立憲君主説、天皇機関説を天皇に教えているのは不忠不敬であると非難した。加藤は著書『国体新論』で日本の天皇は最上位の公僕にすぎず、役人のトップであるという言い方をしていた。そのように天皇機関説の考えかたを天皇に教え込んでいたところへ、天皇は神の子孫でなければならないとねじ込まれたのである。海江田のファナティシズムに怯えた加藤は、結局『国体新論』を絶版にし、天賦人権説も唱えないと宣言した。

とはいえ、現実には議会が開かれ、憲法も作られてゆく。そのような明治国家のもとでの立憲君主制を批判した柳原二位局は、大正天皇の生母であるにもかかわらず、明治天皇に嫌われた。明治天皇は、女が何を言うかと柳原二位局を罵倒したと言われる。そういう意味では、明治天皇は王朝文化の引き継ぎ手とはいえず、女官に育てられた文化的な大正天皇にあまり期待を抱かなかったらしい。

明治天皇自身は自ら立憲君主制の担い手たるべく、近衛兵も持ち、自ら「大元帥になる」と言い、これを西郷隆盛は非常に喜んだ。

天皇が国家の中心となって軍事的、政治的、外交的な権力を握っていった。まさしく明治天皇から「天皇の世紀」が始まったと言ってよいだろう。

明治憲法と天皇機関説

明治の統治大権をもった天皇制の下で権力を行使したのは、明治国家をつくった薩長の中枢にいた政治的な人間たちだった。政治的な人間とは、政治的な決断をしてその責任を負ってゆく、という意識をもった大久保利通や木戸孝允、そしてその弟子である伊藤博文らである。伊藤は西洋風の国造りをしようと大久保利通と一緒にヨーロッパに行き、日本を近代国家たらしめるためには憲法が必要だ、と実感した。

しかし、その憲法制定に最も反対したのが、当時の首相秘書官でハーバード大学出身の金子堅太郎だった。金子は官僚・政治家として昭和十七年まで生きていて、国体明徴運動のときにもまだ旗を振っていた。昭和十二年の『国体の本義』は、彼の意思を反映している。

ともかく、金子は憲法なんか作ると国体が変更すると主張した。ある意味でこれは正しい。なぜかというと国体という言葉は、英語で言うと〝constitution〟であり、これは憲法の意でもある。憲法を作ることは、すでに神聖なる天皇を国体の中心とし、天皇の言葉は神の言葉であり、国家を超越するという天皇＝国家の国体論イデオロギーと矛盾する。

伊藤と金子の激しい対立を経てやがて明治憲法は作られたが、そこでは「天皇は神聖にして侵すべからず」という神聖天皇制が宣言される一方で、「大日本帝国は天皇これを統治す」という統治大権が付与された上での、立憲君主制が宣言された。実際の天皇統治は定められた憲法の規定の通りにやらなくてはならない。そこで天皇機関説が官学において出てくるのである。

つまり、憲法の中にすでに天皇機関説と神聖天皇説の両面がある。その結果、明治政府の権力中枢にいた人物はみな、天皇を国家運営の手段とするという天皇機関説を自ら奉じつつ、国民に対しては「天皇は神聖にして侵すべからず」という形で教化を図り、ついには大逆罪まで作った。

そのような国家支配の原理を、天皇機関説論者としての北一輝は見抜いた。すなわち、その天皇機関説に則っている憲法と、この国は天皇がずっと国を治めてきており、その天皇に忠誠を尽すのが日本国民の道徳であると国民に教え諭す、いわば神聖天皇説をとっている教育勅語とでは、その成立の原理が全然違うと矛盾を突き、神聖脱の国体イデオロギーに対する批判を展開したのだった。北はそのことを『国体論及び純正社会主義』（明治三十九年）で具体的に指摘した。ここに、のち二・二六事件の思想的指導者となる革命思想家の原点がある。

ところが同じ年、もう一人天皇機関説を唱えて明治の国体イデオロギー、つまり天皇は神だとする論を批判したのが、のち政党政治家として自立する斎藤隆夫だった。斎藤は昭和戦前に軍部独裁に強く抵抗した政治家で、昭和のリベラリストである。斎藤はのち二・二六事件に際して、北一輝と闘争する形で軍部批判、いわゆる粛軍演説を行なった。天皇の名によって軍部が統帥権を楯に勝手に政治を動かすことは到底許せない、政治に軍人が関与してはならないのが明治天皇の「軍人勅諭」以来のあり方ではないか、と主張したのである。

このように、斎藤が思想的に自立してきたのは、明治三十九年の加藤弘之批判からであった。加藤弘之はかつては自ら天皇機関説を言ったにもかかわらず、その後は「族父政治」といったヌエ的な表現で、天皇機関説を不敬不忠の論であると主張した。斎藤はこれを批判したのである。

明治国体イデオロギーが国家支配の原理となった時代に、そういう内部矛盾をはげしく衝く批判者がすでに現れてきていた。日露戦争は、天皇の名によって開戦し、国民は天皇のために死んでゆくと宣伝されたのだが、そこにすでに矛盾があるのではないか、とナショナリストの北一輝は主張した。なぜなら、天皇のために日露戦争をやって数十万人の国民が死んでいったならば、天皇が全部その国民の死の責任を負わなければならないが、日露戦争はそうではないと北は言う。民族国家

（ネーション）が生き残るための生存競争なのだから、その死は国家が責任をとらなければならないと主張したのだ。つまり、天皇の戦争か国家の戦争か、いいかえれば、この国家は天皇国家か、それとも国民の国家か、という問いを発して、前者を否定したのである。

しかし実際問題として、明治国家は天皇の国家として確立し、これ以降、天皇の国民というイデオロギーが国民に強制されることになった。その結果、乃木希典大将が天皇が死ぬと同時に殉死したように、国家のために死ぬことと天皇のために死ぬことは同じことになっていく。

大正天皇研究の問題点

大正天皇を育てたのは柳原二位局ら宮中の女官だったが、大正天皇はその教育で、伝統的な天皇の仕事は歌を作り国民を慈しみ日本の文化の永続を象徴することだと教えられ、幼少のうちからそのような素質を発揮する。それゆえ大正天皇は、政治指導者としての役割や大元帥としての軍事的役割を自分に課さないようになる。

それゆえ明治天皇はそのことを問題視して、自分の孫の皇太子（のちの昭和天皇）を、学習院においては院長の乃木大将に任せ、また私生活では川村純義という海軍大将のもとで育てさせ、立憲君主制の帝王学を学ばせた。

大正天皇は国家統治の大権を担い大元帥たるには不適格であるという認識が、政府中枢にも出てきてしまう。山縣有朋も、原敬もそう考えていた。山縣有朋と原敬は、片や軍閥出身で片や軍閥に抵抗して政党政治、責任内閣制を確立した人物として受けとられているが、日本が欧米列強と対峙する強国として自立せねばならないと考えるパワー・ポリティクスにおいては、かなり近い考え方だった。

　そこで天皇はプロイセン的な立憲君主であるべく、大正天皇は押し込められてしまった。これが、原武史氏の大正天皇論である。

　だが、本当に大正天皇自身が文化的な才能を持った存在で、女官の中で育てられ天皇の役割は文化の永続性を守るものであると自己認識していたと考えるならば、彼の歌った歌や作った漢詩を読んで、本当に文化の香りを持っていた天皇であるかを、内在的に考察しなければならないだろう。原氏が証明したのは外在的な政治家との関係であり、政治家たちが彼に期待した役割に合っていないから押し込められた、という構造の解明だけに留まっている。

　文学者の間では、大正天皇が江戸期以来の近代天皇の中で一番歌がうまいとずっと言われていた。辻井喬《たかし》氏などもそう評しているし、最近の毎日新聞で『大正天皇御集　おほみやびうた』という本を丸谷才一さんが批評していて、今まで言われていないことながら、大正天皇は後水尾院以来の最高の帝王歌人であるとして彼の歌を採り上げていた。「軍人《いくさびと》くにの為にとうつ銃《つつ》の煙のうちに年立にけり」――通常、新春といえば必ず霞がたち、その中に新しい年がたっていくという情景を歌うものだとされているけれども、しかしわたしは戦びとが国のために打つ筒の煙のことを歌わなければならない、と。

この歌は、軍人中心の明治の天皇制国家、列強に対峙していく富国強兵的な国家体制に対する批判に限りなく近い、優れた歌である。そして、こういう歌や王朝風の大和歌を歌い続け、宮中歌会始をその象徴として行なった。この場所に大正天皇はまさしく立っていたのである。

したがって原武史氏の描くような、大正天皇の、押し込められていく主君としての外面と、宮中の歌の調べを守り続け、文化の守り手としてあり続けようとした本人の資質との両面から解明していかねばならないだろう。

昭和天皇と近代天皇制の終焉

いずれにせよ大正天皇は、明治天皇が期待したようには育たなかったので、皇太子が早くから摂政として立った。昭和天皇は大正天皇と対照的に、昭和戦前にあって凛々しく、天皇機関説を超越するような天皇だった。戦後は「あっ、そう」といつも言うばかりだったが、戦前は下々の者が決めたことについて、自らも判断をし、決して政治は全部お任せとはしなかった。

ハーバート・ビックスは、近著『昭和天皇』で、昭和天皇は侵略を進めた武断的な天皇で、戦争と領土拡大の情熱を持った憎むべき侵略者だったとして批判している。しかし実際は、昭和天皇はむしろそのような軍国主義的な流れに対して歯止めをかけていく役割を担う、専制的で開明的な立憲君主として歴史に登場したのであった。天皇自身は親英米派で、軍人たちが日中戦争は三カ月で終わると言っていたにもかかわらず、一向に終わらなかったことについて責任をとらせるなど、軍部が独断専行していく昭和初年の動きに対して歯止めをかけていた。

しかし昭和天皇は、文人宰相と呼ばれた西園寺公望に、下々の者の決めたことを批判し押し戻していくのは立憲君主の役割としてやりすぎだと言われ、次第に直接政治への口出しを控えるようになっていく。

とはいえ、その後も実際はかなり口出しもした。たとえば昭和十四年に英米に対して大東亜戦争を始めていくための帝国海軍作戦綱領が出される。ここでタイのシンゴラ湾に上陸しマレー半島を南下してシンガポールを攻略する計画が出されたが、昭和天皇はそれは国際法違反だから認められないと言った。タイは中立国だから、この作戦はダメだ、と言ったのである。このように理性的で、国際感覚だけでなく国際法の知識も持っていた昭和天皇が、十九世紀的な帝国主義者のように戦争の情熱に駆られていたとか領土の拡大を企図していたと考えるのは事実に即していない。

昭和天皇は明治天皇の衣鉢を継いで明治国家を必死に守ろうとしていた。しかし軍部は独走し、天皇の名を借りて統帥権を使って満州事変を起こした。これは軍人が皇軍の純粋培養の中で、天皇を現人神と考え、その神のために死んでゆくということを国家への忠誠心と捉えた錯覚といっていい。

山縣有朋は腹黒い人物だと言われたが、政治に軍人は絶対にタッチしないように、またタッチする場合には軍人をやめて政党を作るように、軍人の独断専行を抑える方法を考えた。維新元勲の山縣有朋までは、政府首脳には自分たちが天皇の名のもとに明治国家を運営しているという自覚があり、軍人の力を抑えて政治支配をしていた。しかし山縣が死んだ後は政府首脳に天皇機関説を採って政治をしているという意識が薄くなっていく。その結果統帥権を使って軍人が独走し、満州事変や日中戦争を引き起こした。

天皇機関説と神聖天皇説の合体としてでき上がった明治国家という枠組みを軍部が超えていく危険性が明治憲法の中にすでにあったことを、大正四年に斎藤隆夫が『憲法及び政治論集』の中で指摘している。すなわち、明治憲法はややもすると大変な憲法であって、天皇の名を使って何でもできる、君主独裁政治が可能な憲法だという。なぜなら統帥権の問題もあるし、統治大権もある。予算を政府が決めたところで不裁可権があるから却下することができる。また気に入らない者が首相になったりその政党が政権についたら解散権を行使して無限に政党政治を却下することも制度上はできる。

この斎藤隆夫が指摘した憲法上の欠陥がまさに昭和六年の満州事変以降、次々に露呈していく。ロンドン海軍軍縮条約を結んだ浜口首相と若槻礼次郎全権大使を統帥権干犯ではないかと攻撃して内閣をつぶし、翌昭和七年の五・一五事件で犬養首相を殺害するなど、軍ファッショへの道がひらかれていき、それが天皇機関説を逆手にとった北一輝の「天皇ヲ奉ジテ」のクーデターである二・二六事件に結びついていく。明治憲法では歯止めのかけられない、明治国家を超える軍部独裁体制が出来上がってくるのである。

近代天皇制のそのようなジレンマは、明治国家が天皇＝国家の国体イデオロギーと、国民＝国家の近代ネーション・ステイトの間で引き裂かれた結果といえる。それは具体的には憲法と教育勅語の矛盾に還元されるのである。軍ファシズム体制は戦争に負けたことで消滅し、敗戦後は天皇＝国家という明治の国体論イデオロギーによって作成された国家的フィクションも解体していかざるを得なかった。天皇は統帥権を奪われ、憲法も戦後の平和憲法に変わっていく。

これでは天皇＝国家という国体がなくなってしまうとの周囲の心配をよそに、大正天皇の后であり昭和天皇の母である貞明皇后は、統帥権や統治大権がなくなっても、かつてのような明治以前の皇室に戻れば良いではないかと言った。すなわち江戸城という軍事要塞の中にいる天皇ではなくて、京都の御所に戻って江戸時代まで続いていたような政治、外交、軍事、財政から離れた、民族の文化の守り手としてやっていけばいいという考えである。

そして実際、天皇は江戸城に居続けたものの、戦後の昭和天皇は一切の権力から切れた、いわば伝統的な天皇制へと自ら変わっていった。

平安時代や徳川時代が、白村江の戦いや豊臣秀吉の朝鮮出兵で負けて内に閉じこもった結果、平和で豊かで安定し、文化が栄える時代が続いたのと同じ道すじで、大東亜戦争に負けて島国に閉じこもり、平和的、文化的な天皇のもと、豊かで安定した時代を作ってきた。経済至上主義に陥って、ナショナル・アイデンティティを喪失するという欠陥も孕《はら》んだが……。

戦後の昭和天皇は、病気で亡くなる直前はまさに日本の大いなる神主として、国民を見守る役割を果たそうとしていた。昭和六十二年、自分が病床にいながら、今年の長雨で米の実りはどうかと発言したが、そこには戦後の日本人がみんな「私」の欲望に従って必死に生きてきたなかで、唯一天皇だけが日本全体のことを考えていてくれるという天皇伝説、天皇信仰を蘇らせた。

あるとき江藤淳は、わたしが平成の皇室外交についてどう思うか、と尋ねたところ、昭和天皇が亡くなってからは自分はもう天皇制のことについてはなにも言いたくない、と言った。たしかに、そこで近代天皇制は終わっていたのかもしれない。いいかえると、近代天皇制は昭和天皇が本来の伝統的な象徴天皇制に戻して終わったのかもしれなかった。

「明治」という時代

第二章の最後に近代天皇制が生まれた「明治」という時代を、補足的に振り返っておこう。百五十年前のペリー艦隊の来航とともに、「天皇の世紀」がはじまった。これは決して、比喩のことばではない。

なぜなら、ペリー艦隊が浦賀に来航した嘉永六年（一八五三）は、明治天皇が誕生して一歳をむかえようとする時だったからである。このとき、明治天皇は父帝（孝明天皇）から「祐宮《さちのみや》」の名を与えられていた。

祐宮とは、かつて聖天子と称えられた光格天皇の幼名である。このことは、孝明天皇がわが子に、天皇制の政治的復権をつよく託していた意思を物語っているのだろう。

明治天皇はまだ幼かった元治元年（一八六四）の禁門の変にさいしては、砲弾の炸裂におどろいて気絶したといわれる。しかし、明治四年（一八七一）、数え二十歳に達したときには、身心ともに健壮になり、みずから「大元帥」をつとめる、と西郷隆盛に言うようになっていた。

このような明治天皇の成長と、孝明天皇が祐宮の名に託していた国家における天皇制の復活とは、表裏一体の関係にあった。

幕末・維新の時代に、天皇制が政治的復権をはたしてきたのは、日本が欧米列強（パワーズ）の東アジア進出の脅威にさらされ、これに対抗するナショナルな原理として天皇制を浮上させたことを意味する。その歴史的道すじを、水戸学の代表的思想家で、吉田松陰に〈日本〉つまり国体発見の糸口を与えた会沢正志斎は、早くも『新論』（一八二五年）にこう書いていた。（橋川文三訳を参照）

いま外夷（西洋）は不逞な野心をいだいて絶えず辺境（東アジア）を窺っており、内には邪説の害がはびこっている。このようにあらゆることが油断ならない事態である。もし夷狄をわが日本国内に引き入れれば、一般人はその邪悪な仲間となり、官にあるものは私欲のためこれに結託しようとする悪徳を生じ、天下はざわめきたつであろう。以上を大ざっぱに見れば、はたして日本であるか、明・清（中国）であるか、それともインドであるか、または西洋であるか。国体はいったいどうなっているのか、というありさまである。

国体、つまり国の体（本質）とは、何か。そう問うて、会沢は次のように答える。それは、民心の「中心」に据えられるべきものだ。その「中心」が、いま「ない」。そして、「民心に中心がなければ、富国となってもそれは外夷に心が奪われた状態にほかならず、強兵といってもそれは外敵に兵器を貸したも同然となる、と。

会沢正志斎は、このように日本の本質としての国体を論じたのである。そして、吉田松陰はこの水戸学の国体論を、徳川幕藩体制に対する革命的イデオロギーへと独創してゆくのである。

しかし、その一方で福沢諭吉は、日本の本質としての国体が守られたのは、外国に政権が奪われず「独立」を保持できたからにほかならない、と考えた。そこで、『文明論の概略』（明治八年＝一八七五年）で次のように説いたのである。――開国・維新期の現在にあって、外国に政権を奪われずに一国の「独立」を守るためには、どうしても西洋の「文明」が不可欠である。いいかえると、「国体」を守るためにこそ「文明」が必要なのだ、と。

この、福沢の文明開化の論理は、吉田松陰の師であった佐久間象山の「夷の術を持って夷を制す」という近代日本の国家戦略を引き継いだものであった。象山のそのことばは、やさしく言い換えれば、西洋の文明の術（学術・技術）を手に入れることによって、西洋に対抗せんとする戦略にほかならない。

かくのごとき西洋「文明」の導入と日本の「国体」との関係は、明治天皇が新国家の基本方針としてのべた「五箇条の御誓文」にあっては、みごとに協和音を奏でていた。

それを一言で要約すれば、明治天皇のもとに近代国家を建設する、となろうか。

しかし、この天皇と近代西洋ふうの国民国家との関係、いいかえると「国体」と「文明」との関係は、「明治」という時代に微妙な影をおとすことになった。たとえば、初代首相の伊藤博文が近代の立憲君主制を想定して憲法を制定しようとしたさい、その首相秘書官であった金子堅太郎から「憲法をつくると国体を変更しなければならなくなる」と批判されている。

この金子堅太郎からの批判が「明治」という時代にとって悩ましい問題を孕むのは、国体も憲法も、英語でいえば、ともにコンスティテューション（Constitution）だからである。そして、このコンスティテューションにおける国体と憲法（いわば文明）の相克は、日露戦争後に二人の天皇機関説論者を生みだす機縁になる。

その一人が、のち二・二六事件の思想的黒幕といわれるようになる北一輝であり、もう一人が「粛軍演説」の斎藤隆夫だった。わたしは近年、『評伝・斎藤隆夫―孤高のパトリオット』（東洋経済新報社）を書くにあたって、この二人の天皇機関説論者が二・二六事件のさい革命と保守とに分かれて組み合っているさまを発見したのだった。

それは、「明治」という時代、いや「天皇の世紀」が孕んだ、光と影の変奏だったのである。

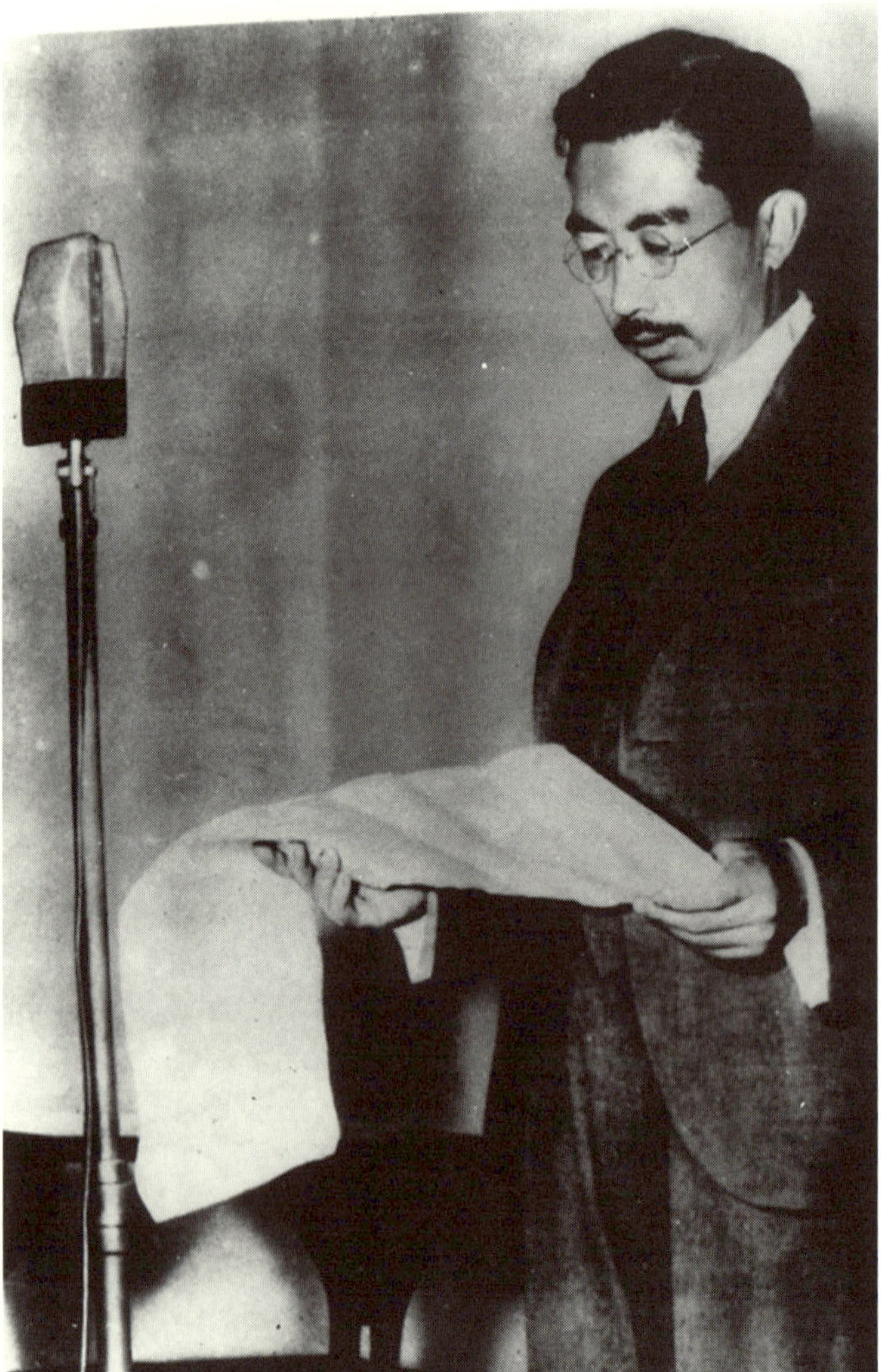

1945（昭和 20）年 8 月 14 日、玉音放送収録のためマイクの前に立つ昭和天皇

第三章

昭和天皇と戦争責任

国際人としての昭和天皇

マレー・シンガポール攻略計画

昭和天皇が伝統の守り手であるとともに、類稀な国際人であったことは、その国際法の知識のみならず、それをふまえて国際政治や外交や戦争を考えていた事実からも推測できるだろう。

たとえば、昭和十四年（一九三九）、参謀総長の閑院宮載仁《ことひと》親王（当時七十四歳）は軍令部総長の伏見宮に先立って、「帝国海軍作戦計画」（昭和十四年度）のマレーおよびシンガポール攻略計画を奏上した。このとき三十八歳の昭和天皇の対応について、当時軍令部作戦班長だった山本親雄は『大本営海軍部』（朝日ソノラマ文庫、一九八二年刊）に、次のように記している。

……参謀総長が奏上されたが、そのさい陛下から御下問（質問）があった。

「マレー攻略の上陸地点として、タイ国のシンゴラ海岸を選定したというが、これはタイ国の中立を侵すことになると思う。この点はどうか」

これに対し参謀総長が返答を躊躇しておられたところ、陛下は声を励まされて、さらに発言された。

「故なく第三国の中立を侵害することは、正義に反する行為である。自分はこのような計画を認めることはできない。考え直せ」とお叱りであった。……

翌朝、ふたたび、両総長（参謀総長の閑院宮と軍令部総長の伏見宮——引用者注）が参内され、タイ国領内への上陸は、事前外交交渉によってタイの了解をとりつける計画がある旨を奉答して、ようやく御裁可を得たのであった。この事実によってもわかるように、陛下は軍部の言うことを無条件にお認めになっていたのではないのである。

このマレー・シンガポール攻略計画というのは、大東亜戦争の開始とともに、日本軍が真珠湾空襲をおこなう一方で、マレー半島（シンゴラ湾）に上陸してシンガポールに南下していった作戦そのものである。マレー沖海戦がおこなわれたのは、開戦の二日後の十二月十日であり、タイのシンゴラ湾上陸はそれに先立つものであった。

シンゴラ湾に上陸した日本軍は、マレー半島を南下した。そして二カ月後の昭和十七年二月十五日に、シンガポールの英軍を降伏させたのである。

この攻略の要である、タイのシンゴラ湾上陸に関して、昭和天皇は「故なく第三国の中立を侵害することは、正義に反する行為である。自分はこのような計画を認めることはできない」と反対したのである。それを「正義に反する行為である」と判断する根拠は、日本と英米とは戦争当事国であるから、イギリス植民地のマレー半島やシンガポールへの上陸や攻撃は国際法違反ではないが、第三国（中立国）への上陸は「国際法違反になる」からである。

昭和天皇はまず「この点はどうか」と問い、参謀総長の閑院宮をはじめとして、陸軍参謀本部がそのことを頭に入れていなかったため返答できなかったので、つづけて「考え直せ」と叱ったのである。

ちなみに、山本親雄の先の回想文には、若干の記憶ちがいがあるが、第一日目の上奏とこれに対する天皇の質問、そうして「考え直せ」という条りは、ほぼ正しい。ただ、山田朗の『昭和天皇の戦争指導』（昭和出版、一九九〇年刊）によれば、第二日目の「翌朝」の条りが、かなり違っている。翌朝、陸軍の参謀総長と海軍の軍令部総長が参内して、タイ国領内への上陸は同国の了解をとりつけると奉答しても、天皇は原案どおりには裁可しなかったのだ。

その結果、第三国タイの「中立」を侵害することになる、という天皇の御下問もしくは忠告によって、マレーおよびシンガポール攻略計画は三日後、次のように訂正されて裁可されたのである。

> 其の(訂正の)要旨は、暹羅《センラ(タイ)》領馬来《マレー》に光遣支隊又は第十五軍の大部若《もしく》は一部を上陸せしめますことは、情況之《これ》を許す場合と致します。
> 即ち、同国（タイ）が我国に加盟し、或《あるい》は同国が明瞭に英国側に加担せる場合等、我軍の此の行動が中立侵犯と認められない場合に於て、之《これ》を実行するものであります。従って、情況之を許しませぬ場合には、馬来半島の上陸点は、之を英領馬来に求むることと致しましては、更に今後調査研究することといたします。

1945（昭和20）年1月1日の毎日新聞に掲載された御前会議の様子

要するに、天皇の御下問もしくは忠告によって、第三国タイの「中立」の侵犯はしない、というのである。

もし、タイがわが国の同盟国となる場合は、当然、国際法違反とならない。また、イギリス側に立つ場合は「敵」であるから、これもまた当然、国際法違反とならない。この二つの場合は、タイのシンゴラ湾に上陸する。しかし、「情況之を許しませぬ」場合には、英領マレーに上陸することとする、というのである。

ここにおいて、国際法の知識に則り天皇が下した判断を、参謀本部（陸軍）も軍令部（海軍）も受けいれたのである。

なお、山田朗によれば、統帥部とくに陸軍が英領マレーのメルシング（シンガポールの約一五〇キロ北）あたりへの上陸でなく、タイ領マレーのシンゴラ海岸（シンガポールからは一〇〇〇キロも北にある）への上陸にこだわったのは、ここがマレー半島中央の狭隘部で、上陸後すぐに半島を横断して西海岸に出られること、その西海岸に出れば鉄道がシンガポールまで通じていて、兵力が迅速に進撃できること、などの有利さがあったからである。

だが、作戦上はこれが有利でも、十九世紀半ばから独立を保っているタイ国との友好関係を壊し、国際法の違反を犯した戦術は国家元首として認められない、というのが、このときの昭和天皇の考えであった。

開戦の詔勅に「国際法」の文字がない

大東亜戦争の劈頭《へきとう》に、タイのシンゴラ湾上陸がおこなわれたことは、さきに述べたとおりである。これは、開戦の直前にタイ側の了承があったからである。

しかし、そういった作戦は開戦の間際まで秘密にされた。予めそのような許可を要請するとなれば、日本軍がどこに上陸するかはおおよそ外に洩れてしまう。そこで、直前まで了承をえる交渉はおこなわれなかった。そして、それが大東亜戦争の開戦の詔勅に「国際法」云々の文字が入れられなかった理由だ、というのである。

わたしはこれまで、『白旗伝説』（新潮社、一九九五年刊）や『日本の失敗』（東洋経済新報社、一九九八年刊）において、大東亜戦争にあっては日清・日露の両戦争とちがい、開戦の詔勅には「国際法」の文字がどこにもなかった、と指摘してきた。

たとえば、日清・日露の詔勅における当該部分を引いてみる。（傍点引用者）

日清「……苟《いやしく》も国際法に戻《もと》らざる限り、各々権能に応じて、一切の手段を尽すに於て、必ず遺漏《いろう》なからむことを期せよ」

日露「凡《およ》そ国際条規の範囲に於て、一切の手段を尽し、遺算なからむことを期せよ」

いずれの場合も、国際法の許す範囲において、一切の手段を尽くし、精一杯戦え、と命じているのである。これは、日本が西洋と同じ近代の「文明」の戦争を戦っている、という意識にほかならない。

そのため、『白旗伝説』でも指摘したように、日露戦争では、日本軍も戦傷者収容の場面や野戦病院や使者交換のさいには、度々「白旗」を掲げている。「白旗」を掲げれば、敵であっても攻撃を加えない、というのは、ペリーが一八五三年（嘉永六年）に日本に来航したさいに教えた、国際法上のとりきめである。（詳しくは、『白旗伝説』講談社学術文庫を参照されたい）。

それはともかく、日清・日露の開戦の詔勅に「国際法」についての文字があったのに、大東亜戦争のそれにあっては、「国際法」云々の文言がない。具体的に検討してみよう。

まず、日清・日露のそれでは、国民それぞれが「国際法」の許す範囲内において、それぞれの能力を発揮し、あらゆる手段を尽くして戦え、となっていたのに対応する大東亜戦争の「開戦の詔勅」の条り。

天祐を保有し、万世一系の皇祖《こうそ》を践《ふ》める大日本帝国天皇は、昭《あきらか》に忠実勇武なる汝有衆に示す。朕茲《ここ》に米国及英国に対して戦を宣す。朕が陸海将兵は全力を奮《ふるっ》て交戦に従事し、朕が百僚有司は励精《せいれい》職務を奉行し、朕が衆庶《しゅうしょ》は各々其の本分を尽くし、億兆一心、国家の総力を挙げて、征戦の目的を達するに違算《いさん》なからむことを期せよ。

要するに、——天皇は対米英戦を発動した。将兵ばかりでなく、国民はみなそれぞれの「本分を尽くし」て戦え、というのである。

改めて指摘するまでもなく、ここに「国際法」云々の文言はない。これは、日清・日露の戦争にはあった、日本も西洋と同じ近代の「文明」戦争を戦っているという認識が希薄になったことを意味しているのではないだろうか。しかしそれは当然といえば当然なのであって、大東亜戦争は西洋近代の「文明」との訣別を言挙げしていたのであるからだ。

開戦の詔勅は、こう続いている。

抑〻《そもそも》、東亜の安定を確保し、以て世界の平和に寄与するは、丕顕《ひけん》なる皇祖考、丕承《ひしょう》なる皇考の作述せる遠猷《えんゆう》（遠謀）にして、朕が挙《けん》々措《お》かざる所、而《しこう》して列国との交誼を篤くし、万邦共栄の楽を偕《とも》にするは、之亦《これまた》帝国が常に国交の要義と為す所なり。
今や不幸にして米英両国と釁端《さんたん》（戦端）を開くに至る、洵《まこと》に已むを得ざるものあり。豈《あに》朕が志ならむや。
……米英両国は残存政権（重慶に残存する蔣介石・国民党政府）を支援して東亜の禍乱を助長し、平和の美名に匿《かく》れて東洋制覇の非望を逞《たくま》しうせむとす。あまつさへ、与国を誘ひ帝国の周辺において武備を増強して我に挑戦し、更に帝国の平和的通商にあらゆる妨害を与へ、遂に経済的断交を敢《あへ》てし、帝国の生存に重大なる脅威を加ふ。……事既に此《ここ》に至る。帝国は今や、自存自衛の為、蹶然《けつぜん》起つて一切の障礙《しょうがい》を破砕するの外《ほか》なきなり。

つまり、「東亜の安定を確保し、以て世界の平和に寄与する」ことが日本の意思であったのに、今回「已むを得」ず、米英両国と戦端を開くに至った、というのである。それも、アメリカの対日石油輸出の全面停止などの「経済的断交」をはじめとし、ハル・ノートによって最終的段階まで追い詰められたと意識した日本が、「自存自衛」のために打って出た結果にほかならない、と。

ここに明らかに感じとれるのは、この戦争は「已むを得ざる」事態なのであって、戦争を挑発したのは米英のほうだ、悪いのは向こうだ、という感情である。この感情によって行なわれる戦争が、西洋近代の「文明」のルール、すなわち国際法によって行なわれるという宣言を欠いているのも、ある意味で当然の成り行きであったかもしれない。のみならず、その戦争は開始の当初から中立国のタイ・シンゴラ湾への上陸がタイによって了承されないかもしれない（国際法を無視するかもしれない）、という仮定をふくんでいた。

もちろん、これは昭和天皇の望むところではなかった。なぜなら、昭和天皇は国際法を守るという意識が戦争指導者たちの多くに較べて、つよかったからである。

天皇の国際法の知識

昭和天皇は、立《たち》作太郎の御進講などによって、国際法を学んでいた。この事実は、天皇に対して予め天皇批判の先入観をもってその評伝を書いたハーバート・ビックスでさえも認めていた。ビックスの『昭和天皇』（講談社、二〇〇二年刊。岡部牧夫・川島高峰・永井均訳）には、そのことが次のような文脈において書かれている。

昭和天皇は立作太郎《たちさくたろう》から国際法について学んでいた。一九二九年、戦時捕虜取扱いに関するジュネーブ条約を日本が調印したことを知っていた（しかし、批准はしなかった）。彼は、また明治天皇や、大正天皇が渙発《かんぱつ》した宣戦布告の詔書が国際法の遵守について触れていたことも知っていた。しかし、天皇は、けっして大量虐殺や中国人捕虜虐待を防ぐように軍に命令を出すことはしなかった。このような不作為は、一九三〇年代の多くの官僚、知識人、右翼の間で広範に認められた傾向であり、国際法自体をまったく西洋の産物と見なしていた。彼らにとって、国際法の支配とは第一次世界大戦後、英米が日本ではなく自らの利害に都合のいいように、発展、普及させたものにすぎなかった。

ビックスが指摘しているように、一九三〇年代から四〇年代にかけて、日本の「多くの官僚、知識人、右翼」なかんずく軍人たちが、「国際法自体をまったく西洋の産物と見な」すようになっていたことは、事実である。その結果が、昭和十六年（一九四一）一月七日、陸軍大臣の東條英機が上奏した『戦陣訓』として完成するのである。

この『戦陣訓』の作成にあたっては、その国体観や死生観は井上哲次郎（東京帝大教授、『日本朱子学派之哲学』などの著者）、山田孝雄《よしお》（国語・国文学者）、和辻哲郎（東京帝大教授、『日本精神史研究』などの著者）、紀平正美《ただよし》（学習院大教授、ヘーゲル哲学によって皇道哲学を解説）などが参画した。また、その文体については島崎藤村や佐藤惣之助などが参画した。

『戦陣訓』が戦時中にはたした役割については、それだけで一冊の本が必要だろうが、かんたんにいえば、軍人（＝国民）道徳として、

　生きて虜囚《りょしゅう》の辱《はずかし》めを受けず、死して罪禍《ざいか》の汚名を残すこと勿《なか》れ。

を訓示していたものといえるだろう。要するに、捕虜なんぞになるな、民族の悠久の大義に生きるべく死ね、ということである。

このような『戦陣訓』の思想からすれば、その十一カ月後に出た大東亜戦争の開戦の詔勅に、国際法に従ってあらゆる手段を尽くしてたたかえ、という文言がどこにもなくて当然なのである。国際法を「文明」と置き換えれば、はなはだ「野蛮」な戦争がそこにたたかわれることになった。

そして、ビックスによれば、これはすべて昭和天皇の責任なのである。だが、すでにタイのシンゴラ湾上陸計画でふれたとおり、軍部（統帥部）はいざ知らず、昭和天皇についていえば、これは明らかにビックスの先入観というより悪意のこもった評価といえるだろう。

ビックスは、昭和天皇が昭和十四年度の「帝国海軍作戦計画」で、タイのシンゴラ湾に上陸する作戦を「第三国の中立を侵害する」といって認可しなかったことには一切ふれず、昭和十六年末の「開戦の詔勅」のみを問題として、井上清という典型的なマルクス主義歴史家の言説に従って――「注」にそう明記してある――、次のように書いていた。

昭和天皇が即位後に行ったことは、事実上、祖父明治天皇が残した先例からことごとく逸脱したものであった。（昭和十六年）一〇月末に始まった開戦の詔書の起草も、例外ではない。それまでの開戦の詔勅には、例えば、「国際法に悖《もと》らざる限り」、「凡《およ》そ国際条規の範囲に於て」のような国際法違反の行為を戒める言葉が含まれていた。昭和天皇の詔勅にはそのような制約が含まれていなかった。

……日本軍のシンガポールへの侵攻は、タイ国南部のクラ地峡、コタバル北方のシャム湾にある要港シンゴラでタイ国の中立を侵す必要があった。つまり南方作戦は全体として、英米ふたつの強国と、小国ではあるが外交的には第三国の立場にあるタイ国に対して国際法を侵犯することを前提としていた。これらは作戦上、必須の要求だった。しかも、タイ国が日本の側に立って参戦するのか、あるいはイギリスの側で参戦するのかはあいまいであり、このことを知った上で昭和天皇と東郷外相は、詔書の草稿から国際法遵守の項目を取り除いたのである。

これでわかるとおり、ビックスは国際法遵守の項目が「開戦の詔勅」から除かれたことを、天皇の責任に帰している。しかし、その責任は昭和十四年度の作戦計画に国際法の遵守の観点がまったくなかった軍部（統帥部）に帰せられるべきなのである。その問題を軍部が解決しておかなかったからこそ、天皇は「国際法」云々の文言を削った詔書を読まざるをえなかったのである。

天皇が立作太郎から国際法について学んでいた、ということは、立が当時の国際法の権威であることを考えれば、その第一級の知識を教わったわけである。それに、立は一九一九年のパリ講和会議と一九二一～二二年のワシントン会議における日本代表団の一員だった。その結果、立は天皇（当時は皇太子）に、主権国家間の形式的平等、紛争の平和的解決、侵略戦争の違法化を、その法的観点から教えることになった。

ビックスは、立作太郎が「不戦条約の国際法観」（一九二八年十二月）などで、『不戦条約』（一九二八年）の解釈として、条約の締結国が「国策の手段としての戦争」は放棄しても、自衛権は放棄していない、という「明白な事実を長々と論じている」ことをもって、条約の「抜け道」を探したのだ、と解釈している。しかし、それは「抜け道」探しなのではなくて、英米を含む国際的常識なのであった。そうして、昭和天皇は立作太郎の国際法知識を通じて、国際的常識を手に入れていたのだ、といえよう。

満州事変に心穏やかならざる天皇

昭和天皇は、その国際的常識に従って、満州事変にも若干穏やかならざる感情をいだいていたとおもわれる。そのことは、天皇が敗戦直後の『昭和天皇独白録』（文藝春秋、一九九一年刊）において、二・二六事件のさいの石原莞爾の「討伐」方針と、満州事変のさいの石原の行動を対比するかたちで、次のように述べていたことに反映されている。

当時叛軍に対して討伐命令を出したが、それに付ては町田忠治を思ひ出す。町田は大蔵大臣であつたが金融方面の悪影響を非常に心配して断然たる所（措）置を採らねばパニックが起ると忠告してくれたので、強硬に討伐命令を出す事が出来た。……

参謀本部の石原完（莞）爾（作戦部長）からも町尻（量基）武官を通じ、討伐命令を出して戴き度いと云つて来た。一体石原といふ人間はどんな人間なのか、よく判らない、満州事件の張本人であり乍《なが》らこの時の態度は正当なものであつた。

この天皇の独白から読みとれるのは、二・二六事件の蹶起軍の「討伐」を主張する石原莞爾の態度は「正当」であるが、満州事変のときの石原の行動はあまり正当とはいえない、という思いだろう。それは、満州事変に対する天皇の穏やかならざる感情を物語ってもいた。

そして、この満州事変に対する天皇の若干穏やかならざる感情と、満州事変に対する国際連盟の調査団「リットン報告書」に対する天皇の対応とは、微妙に通底している。天皇はその「リットン報告書」を受けいれてしまう心算《しんさん》であったのだ。

『昭和天皇独白録』には、こうある。

例へば、かの「リットン」報告書の場合の如き、私は報告書をそのまゝ鵜呑《うの》みにして終《しま》ふ積りで、牧野、西園寺に相談した処、牧野は賛成したが、西園寺は閣議が、はねつけると決定した以上、之に反対するのは面白くないと云つたので、私は自分の意思を徹することを思ひ止つたやうな訳である。

「リットン報告書」は周知のごとく、満州事変は日本の侵略である、と断定していた。しかし、日本の満州における権益は、シナのそれと密接に関わりあっているので、そのことに関する条約を結び直すべきである、そうしないと再び「衝突」が起きるだろう、とも忠告していた。

一九三〇年のロンドン海軍軍縮条約におけるアメリカの全権代表であったスチムソン国務長官は、そのとき日本側の全権代表であった若槻礼次郎（満州事変のときの首相）と親しく、満州事変が勃発したとき、日本における盟友とも考えていた幣原喜重郎外相の苦衷《くちゅう》をおもって、その処置を幣原に任せるべく努めた。しかし、スチムソンは満州事変がパリ不戦条約に違反した「侵略」である、という見解を持っていた。

スチムソンは一九三六年——二・二六事件の年——に著した『極東の危機（The Far Eastern Crisis）』（邦訳は清沢洌《きよし》、『中央公論』一九三六年十一月号別冊）で、その見解をのべたうえで、「リットン報告書」の次の部分を引用していた。

上記満州に於て日本の有する数多の権利の概説に依り、満州に於ける日支両国間の政治、経済及法律関係も特殊性は明瞭にして、此《かく》の如き事態は恐らく世界の何処にも其の例なかるべし、又隣邦人の領土内に此の如き広汎なる経済上及行政上の特権を有する国は他に比類を見ざるべし。若《も》し此の如き事態にして双方が自由に希望又は受諾し、且つ経済的及政治的領域に於ける緊密なる協力に関する熟策の表現及具体化なりとせば、不断の紛争を醸すことなく之を持続し得べきも、斯《かか》る条件を欠くに於ては右は軋轢及び衝突を惹起するのみ。

昭和天皇が満州事変に心穏やかならず、右のような「リットン報告書」の内容を知ったとき、それを受けいれ、日支双方の権益を条約化すべく合意しようと考えていたことは、ほぼ間違いないだろう。

昭和天皇はその国際法に関する知識から、中国大陸への進出を「侵略」と考えていた。それゆえに、心穏やかでなかったのである。

中国侵略と「日韓併合条約」

しかし、韓国に対しては、韓国併合が「日韓併合条約」（明治四十三年＝一九一〇年）という国際条約に則っている限りにおいて、中国問題とは別次元のことと考えていた。たとえば、宮内庁式部官長だった安部勲（もと国連大使）は、昭和天皇が亡くなってまもなく（一九八九年）、『毎日新聞』のインタビューに次のように語っている。（傍点引用者）

昭和天皇の考え方は、（他国の）国民に迷惑をかけたというのは、中国だけなんです。日支事変（一九三七年の盧溝橋事件）以来、わけもわからず入っていってね、散々迷惑をかけた。これははっきりしている。韓国はまた別なんです。日本は当時、統治していたわけですから、いい話と悪い話と両方あるわけです。……もう一つ、間接的なんです。

安部宮内式部官長がここで、「韓国はまた別なんです」と語っているのは、日本の中国支配が戦争であれ経済進出であれ、ともかく「わけもわからず入っていって」迷惑をかけた、という思いが天皇にあったが、韓国のばあいはこれと別の考えを持っていた、ということだろう。

韓国のばあいは、強い軍事力を背景にしてではあれ、「日韓併合条約」という当時の国際法に則った二国間条約を結んでいた。そのうえで、日本は韓国の「統治」をおこなっていた。

そうだとすれば、韓国に一方的に迷惑をかけたという話にはならない。当時の朝鮮の王朝、李朝がいかに政治的に腐敗し、行政能力を欠いていたか。そのため、宗主国の清（朝）や政治的・経済的支配を強化していたロシアの影響力がつよく、日本がこれに危機感を覚え、それが日清戦争や日露戦争の一要因となって、ついには「日韓併合条約」となったのである。――少なくとも昭和天皇はそのように韓国「統治」の問題を理解していた。

そこで安部宮内式部官長は、天皇が韓国「統治」と中国侵略を別次元の問題として考えていたことを、次のように解説していた。

（韓国「統治」に関して）いろいろ悪いところがあった。それはそれで謝らなくてはいけないが、中国とは違う、という考え方です。中国については、はじめから「いかん」と思ってらした。

ここからは、昭和天皇が中国侵略に対する贖罪意識を抱いていたことがよく伝わってくる。もちろん、安部の受けとった感じ、ではあるが……。

しかし、昭和天皇じしんが中国に対して、その侵略を詫びる気持ちを抱いていたことは、一九七八年十月に初の中国要人として来日した鄧小平副首相にのべた、次の言葉をみれば一目瞭然となるだろう。

わが国はお国に対して、数々の不都合なことをして迷惑をかけ、心から遺憾に思います。ひとえに私の責任です。こうしたことは再びあってはならないが、過去のことは過去のこととして、これからの親交を続けていきましょう。

このおわびの言葉に対して、鄧小平は一瞬言葉を失なった。それは、天皇が自分一個の感情的な言葉を発していたのでなく、国家意思を表明している、と感じ取ったからだろう。国と国との関係、つまり国際関係を見すえたうえで歴史的な反省をのべた天皇が、そこにいる。そうおもって、鄧小平は言葉を失なったのにちがいない。

鄧小平はしばらくして、

お言葉のとおり、中日の親善に尽くし……

と応じた（応じざるをえなかった）のである。

この鄧小平中国副首相との会見は、天皇が国際感覚に富んだ、第一級の外交官であることを証明していた。改めて注釈するまでもなく、これは天皇がロイヤル外交を得意とした、などという意味ではない。天皇はじぶんの言葉がどのような国際的意味を持つかに敏感であり、またそのように言葉を発していた、ということである。

昭和天皇は一九七五年（昭和五十年）九月、アメリカを訪問した。その旅から帰ったあと、天皇はテレビカメラも入った記者会見（十月三十一日）をおこなった。その会見では、広島への原爆投下についての質問がおこなわれ、天皇は次のように語った。（『朝日新聞』一九七五年十一月一日付）

この原子爆弾が投下されたことに対しては遺憾に思っていますが、こういう戦争中であることですから、どうも、広島市民に対しては気の毒であるが、やむをえないことと私は思っています。

この天皇の発言に対して、ハーバート・ビックスは『昭和天皇』のなかで、「その統治下の出来事に対してまったく責任のない傍観者のような天皇の言い逃れは、多くの日本人にとってあまりにも非情であった」と批判した。ビックスはこの著のなかで、日本人は戦争の被害者意識ばかりが強い、と何度か述べているのに、天皇がその対外的な加害者意識をふまえたうえで自国内での被害についての「やむをえない」と語ったことに対して、「多くの日本人にとってあまりに非情であった」と情緒的な反撥を示すのである。

このばあい、原爆投下に関して「遺憾に思」うという天皇の言葉には、アメリカの国際法違反を問う意識が潜んでいる。しかし、そのことだけを問うという発想を天皇はとらなかった。それは、中国などに対する侵略は明らかに国際法違反であるという認識が、同時に働いていたからである。

こういった天皇の国際法意識や国際感覚のうえに立って「広島市民に対しては気の毒であるが、やむをえない」という言葉が発せられていたのにちがいない。昭和天皇は〝世界の中の日本〟ということを意識する人であった。

昭和天皇は「戦争責任」をどうとらえたか

マッカーサーと天皇の「会見録」

二〇〇二年十月、外務省は、敗戦直後のマッカーサー（連合国軍最高司令官）と昭和天皇の「会見録」を公開した。この公開は、ときの話題となった。というのも、この「会見録」が実在していることは知られていたが、そのなかで天皇がみずからの戦争責任問題にどのように言及しているか、その詳細が、これまで非公開だったため明らかでなかったからである。もちろん、天皇がこのマッカーサーとの会見――昭和二十年九月二十七日、約三七分――で、みずからの戦争責任問題にふれていたことは、いくつかの証拠などで明らかにされていた。

その証拠の最大のものが、『マッカーサー回想記』（朝日新聞社、一九六四年刊、津島一夫訳）である。それによれば、マッカーサーが厚木飛行場に降り立った日（八月三十日）から数えて四週間後の九月二十七日、昭和天皇はマッカーサーからの許可を得たうえで、アメリカ大使館にマッカーサーを訪問した。

このときの写真が、モーニング姿で直立し威儀を正した天皇と、夏の略式軍装で両手を腰の後ろに廻したマッカーサー元帥とが並び立ったものである。この写真に対して、ほとんどの解説は、勝者であるマッカーサーの礼を欠いた、傲然たる態度と、敗者であった天皇のかしこまった姿とを感

1945年9月27日、駐日アメリカ大使館前公邸におけるマッカーサーと昭和天皇

じとっていた。

しかし、こういったマッカーサーのラフな服装や傲然とも見える態度は、べつに敗戦国日本の天皇に対してばかりでなく、アメリカ大統領トルーマンさえも憤らせる体のものだったのである。そのことは、わたしがすでに「歴史家ニクソンの哄笑」（『新潮』一九八七年八月号）でふれているので、これ以上はふれない。

ともあれ、マッカーサーを訪問した天皇は、冒頭にこう発言した、というのである。

私（昭和天皇）は、国民が戦争遂行にあたって政治、軍事両面で行なったすべての決定と行動に対する全責任を負う者として、私自身をあなたの代表する諸国の裁決にゆだねるためおたずねした。

この最初の言葉で、勝負は決まった。なぜならマッカーサーはそれまで「天皇が、戦争犯罪者として起訴されないよう、自分の立場を訴えはじめるのではないか」と、不安を覚えていたからである。そして、かれはその疑問に答えが見出せなかったから、日本への進駐後四週間も天皇との会見を引き延ばしていたのである。それに、連合国の多く、とくにソ連とイギリスから提起されていた戦争犯罪人の「リスト」には、その冒頭に「天皇ヒロヒト」の名が記されていた。それればかりか、アメリカ内部の国務省でも天皇を戦犯として名指しする動きがあった。

ところが、そういったマッカーサーの不安の機先を制するように、天皇がみずから戦争の「全責任を負う」者として、勝者マッカーサーの前に出てきたのである。この天皇の発言を聞いたときのことを、マッカーサーは次のように記している。

私は大きい感動にゆすぶられた。死をともなうほどの責任、それも私の知り尽している諸事実に照らして、明らかに天皇に帰すべきではない責任を引受けようとする、この勇気に満ちた態度は、私の骨のズイまでもゆり動かした。私はその瞬間、私の前にいる天皇が、個人の資格においても日本の最上の紳士であることを感じとったのである。

天皇が名目上は軍の統帥権をもつ大元帥であっても、現実には絶対君主ではなく、イギリスの立憲君主と似た立場にあったことを、昭和七年から十七年まで駐日米大使であったJ・グルーにせよ、フーバー大統領時の国務長官で幣原喜重郎の友人でもあったスチムソンにせよ、よく知っていた。それに天皇自身、イギリス的な立憲君主制を範としており、狂信的な国体明徴運動の渦中でも「じぶんは天皇機関説でいいとおもう」と述べていた。ただ同時に天皇は、じぶんが日本の政治の中心にあることも信じていた。それゆえ、政治が決断であり、その結果として責任をともなうことも身にしみて知っていた。それだからこそ、二・二六事件のときと、終戦のときだけはじぶんで決断を下したのである。

そうだとすれば、この敗戦の時点で「戦争遂行」という国家の政治と軍事における「結果としての責任」という概念を天皇について考えていたのは、吉田茂を別にすれば、昭和天皇ただ一人だったかもしれなかった。あとは東條英機にしろ木戸幸一にしろ、御上に対する責任、つまり天皇に対する忠義を十分に尽せなかったため敗戦を招いてしまったというレベル、つまり忠誠心（ロイヤリティ）という次元において「責任」という概念を考えていたのにすぎない。

天皇は敗戦の結果つくられた戦後憲法で、統治大権を失い「象徴」となったあとでさえ、日本の政治の中心がじぶんであることを少しも疑っていなかった。ともかくそういう政治的人間の意識が天皇をして、「すべての決定と行動に対する全責任を負う者」という表明をなさしめたのであろう。それは、敗戦国の責任者としてはマッカーサーが評したように、まことに「勇気」あるものだった。「勇気」とは雄々しいとか男らしいとかの態度をいうのではない。「政治」に対して「責任」を取る、政治的人間の意識だった。

だが、昭和天皇がマッカーサーに語ったという「国民が戦争遂行にあたって政治、軍事両面で行なったすべての決定と行動に対する全責任を負う者として」云々の文字は、情報公開法にもとづいて公開されたマッカーサーとの「会見録」には、残されていなかった。そのことが、二〇〇二年十月の公開のさいに、とくに話題になったのである。

天皇は語らない

実はこの「会見録」は、会見にただ一人通訳として立ち会った外務省参事官の奥村勝蔵が公式記録として作成したものである。だが、奥村は、十一回に及んだマッカーサーと天皇の会見の後半期の通訳を務めた松井明（のち、国連大使）に、「天皇が一切の戦争責任を一身に負われる」旨の発言は「余りの重大さを顧慮し記録から削除した」とも語っていた。

じっさい、天皇が戦争責任に言及したというアメリカ側の記録は『マッカーサー回想記』のみならず、公的文書にも残っているのだ。たとえば、十月二十七日付のアチソン政治顧問から米国務省にあてた極秘電報に、「（本日マッカーサーから聞いたところだが、九月二十七日の会談で天皇が）『責任を回避しようとするつもりはない。日本のリーダーとして臣民のとったあらゆる行動に責任を持つつもりだ』と語った」との記述がある。

そうだとすれば、天皇による戦争責任に関する発言はあったと考えるのが自然だろう。しかし、改めていうが、奥村が作成した「会見録」にはそれがない。

ではどういう記録内容になっているか。まず、初対面の挨拶がなされたあと、マッカーサーがおよそ二〇分にわたり――約三七分の会見のうちの二〇分である――「原子爆弾の破壊力」をふくむ現代戦争の悲惨を〝滔々と〟語った。そのあと、かれは、天皇が「終戦」を「決意」したのは「御英断であった」と語ったのである。

これに対する天皇の言葉は次のようなものであった。

此の戦争に付ては、自分としては極力之を避け度い考えでありましたが戦争となる結果を見ましたことは自分の最も遺憾とする所であります。

（ひらがな部分は原文カタカナ）

このあたりで、天皇がみずからの戦争責任に言及した可能性が高い。しかし結果とすれば、天皇の言葉としてよく使われる「遺憾とする所」という表現で記録がまとめられたと考えられる。戦争責任についてふれたとされる発言は、奥村が作成した「会見録」（外務省用箋）からは削除されたが、この「会見録」がなおも宮内庁に残っている非公開扱いの文書と同じ内容なのかどうか、現時点ではわからない。

しかし、天皇がみずからを日本政治の中心と考えていたとすれば、やはりその戦争責任に言及した可能性が高いだろう。

事実、藤田尚徳侍従長――石渡宮内大臣らとともにこの会見に同行した――の著書『侍従長の回想』（講談社、一九六一年刊）には、次のように記されている。

後日になって外務省でまとめた御会見の模様が私のもとに届けられ、それを陛下の御覧に供した。通常の文書は、御覧になれば、私のもとへお下げになるのだが、この時の文書だけは陛下は自ら御手元に留められたようで、私のもとへは返ってこなかった。宮内省の用箋に五枚ほどあったと思うが、陛下は次の意味のことをマ元帥に伝えられている。
「敗戦に至った戦争の（中略）責任はすべて私にある。文武百官は、私の任命する所だから、彼等には責任はない。
私の一身は、どうなろうと構わない。私はあなたにお委せする（後略）」（傍点引用者）

この回想記を読んでも、天皇がみずからその戦争責任に触れていたことは間違いないだろう。しかしその宮内省用箋に（そうしてアメリカの公文書に）残っていた「戦争責任」云々の言葉は、外務省用箋に記された奥村作成の「会見録」からは削除されているのである。

それは、東京裁判をまえにした外務省側の配慮ゆえの削除なのか、それとも天皇自身がこれを政治的にすぎるとして削ったのか、そこはまだ明らかでない。なぜなら天皇は後年、このマッカーサーとの第一回会見にふれて次のように語っているからだ。三十二年後の一九七七年八月二十三日、那須における宮内庁記者団との会見だ。（『朝日新聞』七七年八月二十四日付）

問い　マッカーサーとの初のご会見の内容などをお話しいただけませんか。

答え　マッカーサー司令官と当時、内容は外に漏らさないと約束しました。男子の一言でもあり、世界に信頼を失うことにもなるので話せません。

内容は外に漏らさない、とマッカーサーと約束したのであれば、たとえ情報公開法による措置ではあっても、天皇にとって「会見録」が世に現れたことも心外であるかもしれない。それは記録のことであって、「真実は記録の中ではなく心の中にある」と考えれば記録などはいくら世に出ても差し支えないとさえ、天皇は考えていたかもしれない。ただ、私の心の中にある真実は語らない、と。

そういう意味でも、昭和天皇というのは畏るべき天皇であった。この〈畏るべき天皇〉というテーゼは〈記憶の王〉とともに、わたしが『昭和天皇伝説——たった一人のたたかい』（前出）で記したキーワードの一つであるが、その〈畏るべき天皇〉の原像がこの一九七七年の宮内庁記者団との会見でもあらわれていたのである。

「人間宣言」秘話

じつは、この一九七七年の記者会見には、マッカーサーとの会見内容については語らないという断固たる意思表明とともに、もう一つ別の大きな意思表明がふくまれていた。いわゆる天皇の〈人間宣言〉に対する秘話である。なお、天皇がみずからこの〈人間宣言〉をふくむ終戦をめぐる秘話に言及したのは、このときが最初だった。

昭和天皇は、昭和二十一年一月一日の詔書で「人間宣言」をおこなった。これをめぐる言及。

問い　（二十一年元日の――引用者注）「人間宣言」の冒頭に五箇条の御誓文を持ってこられたのは、陛下のご意思とうかがっておりますが。

答え　あの宣言の第一の目的は（五箇条の――引用者注）御誓文でした。神格（否定）とかは二の問題でありました。（中略）当時の幣原喜重郎とも相談、同首相がGHQのマッカーサー最高司令官に示したら「こういう立派なものがあるとは」と感心、称賛され、全文を発表してもらいたい、との強い希望がありましたので、全文を示すことになったのです。（後略――この後にマッカーサーとの会見内容の問答がくる）

なお、正確を期すれば、この「人間宣言」をめぐる詔書は、はじめマッカーサーのほうから天皇の神格性を否定するような意思表明ができないか、と幣原を通して連絡があり、これに応じて幣原が原案を天皇に示したものである。ただ、そこには、「五箇条の御誓文」をめぐる字句はなかった。この問題に対して天皇は、昭和十年の国体明徴運動のさなかでさえ「現神（＝現人神）」などといわれては迷惑だ」と述べており、天皇神格性の否定についての詔書をだすことに何の違和感も抱いていなかった。ただGHQ＝アメリカの手で戦後「民主」化がおこなわれたなどという世論に対しては、それは明治の先帝のときから国是となっているものだ、という断固たる意思表明として、幣原のもってきた原案に「五箇条の御誓文」を書き加えたのである。

その詔書の前半部分を引いてみよう。

ここに新年を迎う。顧みれば明治天皇、明治の初、国是として五箇条の御誓文を下し給えり。曰く、

一、広く会議を興し、万機公論に決すべし
一、上下心を一にして盛んに経論を行うべし
一、官武一途庶民に至るまで、おのおのその志を遂げ、人心をして倦まざらしめんことを要す
一、旧来の陋習を破り、天地の公道に基づくべし
一、智識を世界に求め、大いに皇基を振起すべし

叡旨公明正大、また何をか加えん。朕はここに誓を新たにして国運を開かんと欲す。すべからくこの御趣旨に則り、旧来の陋習を去り、民意を暢達し、官民挙げて平和主義に徹し、教養豊かに文化を築き、もって民生の向上を図り、新日本を建設すべし。

（原文旧カナ）

ここで明らかに述べられているのは、戦後日本が軍国主義から「平和主義」に戻り「民生の向上」を図って、新しい出発をすべきであるが、これはしかし、明治天皇が維新――維《こ》れ新たなり――のはじめにおいて「国是」として定めた「五箇条の御誓文」の精神に立ち戻るということにほかなら

ない、ということである。そこではもちろんアメリカ＝GHQを「新日本」の協力者として想定してはいるが、日本の政治を天皇みずからの手に取り戻すという意識の宣明がなされている。

そして、その天皇の主体性のもとで、みずからの神格性の否定が表明されていたのである。すなわち、詔書の後半部分にこうある。

惟《おも》うに長きにわたれる戦争の敗北に終わりたる結果、我が国民は動《やや》もすれば焦燥に流れ、失意の淵に沈淪せんとするの傾きあり。詭激《きげき》の風漸く長じて、道義の念すこぶる衰え、ために思想混乱の兆あるは、洵《まこと》に深憂に堪えず。

しかれども朕は爾等国民とともにあり、常に利害を同じうし、休戚（安らぎと心配――引用者注）を分たんと欲す。朕と爾等国民との間の紐帯は、終始相互の信頼と敬愛とによりて結ばれ、たんなる神話と伝説とによりて生ぜるものにあらず。天皇をもって現御神とし、かつ日本国民をもって他の民族に優越せる民族にして、延《ひ》いて世界を支配すべき運命を有すとの架空なる観念に基づくものにあらず。（後略）

この引用文の後段にある天皇の神格性に対する否定が「天皇の人間宣言」として、世に定着したわけである。しかしこれはすでに述べたように、天皇自身にとってはべつに異とすべき発言ではなかった。ただし戦前、万世一系の現人神信仰を中核とする国体イデオロギーを教えこまれてきた国民からすれば、前年九月二十九日付の朝刊に掲載された、マッカーサーの横で威儀を正した写真とともに戦前の天皇制神話を打ち壊すものとして大いなる驚きを与えた、といえよう。

そして、この天皇の「人間宣言」が国民のエートス（精神）に与えた衝撃を、その極限まで拡大してみせたのが、三島由紀夫の一九六六年（昭和四十一年）の作品『英霊の声』であったろう。

三島はこの作品において、「などてすめろぎは人間となりたまひし」という呪詛《じゅそ》のリフレインをひびかせた。

三島は天皇が「神」であるべきとき、すなわち革命としての二・二六事件のときと、大東亜戦争が敗けんとするきわに祖国を救うべく特攻隊員たちが死んでいったとき、天皇はなぜ「人間」となったのか、と二・二六の青年将校と特攻隊員たちの霊にルサンチマン（怨嗟の声）をあげさせたのである。

三島由紀夫事件を黙殺した天皇

これは明らかに「人間天皇」によって裏切られた者たちになり代わって、日本＝原理主義者の三島由紀夫が昭和天皇に対してあげた批判の声だった。もっといえば、天皇が「人間宣言」することによって、戦後日本から気高さ、美しさが消え失せたのだ、と三島は批判したのである。

むろん昭和天皇は、こういった三島由紀夫の批判を平然と受け流した。なぜなら、天皇にとっては「人間宣言」をすることが、現人神を掲げて戦争へと突入した「軍国主義」の勢力から天皇の主体性を取り戻す方法であったからである。それが天皇の戦争責任の取り方だった、といってもいい。

すなわち、三島由紀夫は一九六六年に「などてすめろぎは人間となりたまひし」というリフレインをひびかせる『英霊の声』を書き、一九七〇年十一月二十五日に「天皇陛下万歳」と叫んで自決していった。しかしその事実を知りつつ、昭和天皇は一九七七年に――三島の自決後わずか七年後だ――、いわば「人間宣言」など大したものでない、二次的な目的だったのだ、あの詔書の「第一の目的」は「五箇条の御誓文」にあった、つまり自身のもとに日本の政治を取り戻す天皇の主体性の宣言だったのだ、と言い放ったわけである。

昭和天皇は、公には生涯一度たりとも三島由紀夫の名を口に出したことはない。そのためハーバート・ビックスなどはその著『昭和天皇』が上下二冊七〇〇ページをこえる大著であるにもかかわらず、一度も三島由紀夫に触れることがないのである（北一輝についても同じようなもので、しかも北を扱ったところには明らかな誤認がある。これらのことについては、二〇〇五年十一月刊の拙著『三島由紀夫の二・二六事件』［文春新書］を参照されたい）。

天皇は三島由紀夫の名も、「天皇陛下万歳」を叫んだその自決のことも知りながら、公には黙殺したのである。たとえば、侍従長だった入江相政の『日記』をみれば、一九七〇年十一月二十五日に三島由紀夫が自決した事件のことを耳にしていたことがわかる。しかも、翌日の『入江相政日記』には次のように記されているのだ。

十一月二十六日（木）雨　寒（下略）

（前略）御製は明治三十六年のものであることなど申し上げすつかり御安心になる。三島由紀夫のことも仰せたつた。（後略）（傍点引用者）

これをみれば、天皇みずからが事件翌日の二十六日に三島のことを話題にしていたことがわかる。侍従長の入江が先に三島の名を口にしたのではないのである。三島が「天皇陛下万歳」を叫んで死んだことも、常識的に考えて、当然知っていたろう。

にもかかわらず、天皇は二度と三島の名を口にすることがなかった。そのことじたいが、天皇の三島および三島事件に対する態度の何ごとかを語っている。

〈記憶の王〉であった天皇が「天皇陛下万歳」と叫んで自決していった三島由紀夫の名を忘れるはずがない。にもかかわらず天皇は生涯、公には三島の名を口にすることはなかった。それは、あえていえば「人間天皇」を宣明することが、昭和二十一年の詔書の第二の目的だったにすぎないと言い切った天皇の、「などてすめろぎは人間となりたまひし」に対する、意思的な黙殺であった。そしてそれが、天皇が「神」であった戦争の時代に対する、天皇なりの責任の取り方であったのである。

靖国問題をめぐって

こういった天皇の三島由紀夫事件への対応のしかたは、法的に絶対君主であれまた象徴としてであれ、自分が日本の政治の中心にいるという意識から生みだされたものに違いない。このばあい、日本の政治とは権力闘争としてのそれをふくみながら、権力闘争を超える文化としての日本政治の中心に天皇がいる、という意識である。

そうだとすれば、近代の日本国家のために殉じた死者を祀る靖国神社は、百年ほどの歴史を持つだけの神社とはいえ、日本の〈大いなる神主〉としての天皇にとって、伊勢神宮や熱田神宮や出雲大社などにつぐ、大きな意味をもつ神社だったともいえよう。それゆえに天皇は戦後も靖国への参拝を続けていたのである。

しかし一九七五（昭和五十）年以後、天皇の靖国神社御親拝は途絶えた。これについては、昭和五十年、当時の三木武夫首相が八月十五日に「私的参拝」をおこなったことが問題となって、それ以後天皇がこのような政治的混乱に巻き込まれることを恐れて御親拝をとりやめたのだ、という説がある。岡崎久彦氏（元駐タイ大使）や百地章氏（日本大学教授）や板垣正氏（元遺族会代表、板垣征四郎の息子）などの意見が、この代表である。中曽根康弘首相（当時）が一九八六（昭和六十一）年に中国の国内事情に配慮して公式参拝を中止したことがこれに輪をかけた、とも主張するのである。

こういった意見に対してわたしは、大東亜戦争で死んでいった人びとと、その戦争で国民に死ぬことを命じたA級戦犯とが同じく「神」に祀られることに国民は納得していない、と考える。そうして、その国民の思いを察知したから、昭和天皇は靖国神社の必要性は当然と考えて礼も尽くすが、御親拝をとりやめたのではないか、とおもうのである。

天皇には、マッカーサーに対して述べたように、「国民が戦争遂行にあたって政治、軍事両面で行なったすべての決定と行動に対する全責任を負う」という責任感があった。と同時に、A級戦犯がじぶんの代わりに責任を負ってくれた、という思いもあった。その思いを受けるかたちで、わたしは「A級戦犯合祀が再燃させた戦争責任問題を検証する」(『中央公論』二〇〇五年八月号)の鼎談で、次のように述べたのである。

……外から強いられたものであったにせよ、少なくとも終戦直後には、憲法を変え、「A級戦犯が政治責任をすべて負う」と日本国民は認め、独立を果たしたのだ。もちろん、実際の政治責任の追究は、日本国民が解決すべき課題だったが、少なくとも対外的にはサンフランシスコ講和条約において東京裁判に異議を唱えず判決を受諾し、その前提のもとで戦後を歩んできた。

たしかに一身に戦争責任を引き受けるA級戦犯は気の毒だ。だが、政治家には民族の運命と国家の罪を背負う覚悟が必要だと思う。A級戦犯が(戦争)責任を負ったことで、ハーバート・ビックスが指摘するような、天皇の戦争責任の糾弾も逃れることができた。そのA級戦犯が、いつの間にか靖国神社に合祀されたことで、責任の所在があやふやになり始めた。

A級戦犯の戦争責任が「あやふやに」なれば、当然天皇の戦争責任問題が浮上するだろう。これはハーバート・ビックスのみならず、天皇の戦争責任を追及したい左翼側からすれば願ってもない事態といえよう。

ビックスは『昭和天皇独白録』（前出）のなかの、

……開戦の際東条内閣の決定を私が裁可したのは立憲政治下に於る立憲君主として已むを得ぬ事であ（った）

という言葉を引用したうえで、これは「率直というには程遠」い発言だとして、次のように批判した。

彼（天皇）は動機をあいまいにしたり、証拠となる行為や論理を時間的にごまかしたりして、軍事指導者であり、国家の主権者であった役割を意図的にぼかした。天皇はまた、周囲で台頭した天皇中心の新しいナショナリズムのイデオロギー的焦点になることで、国民の好戦性をかきたてたことにも沈黙したままだった。（中略）

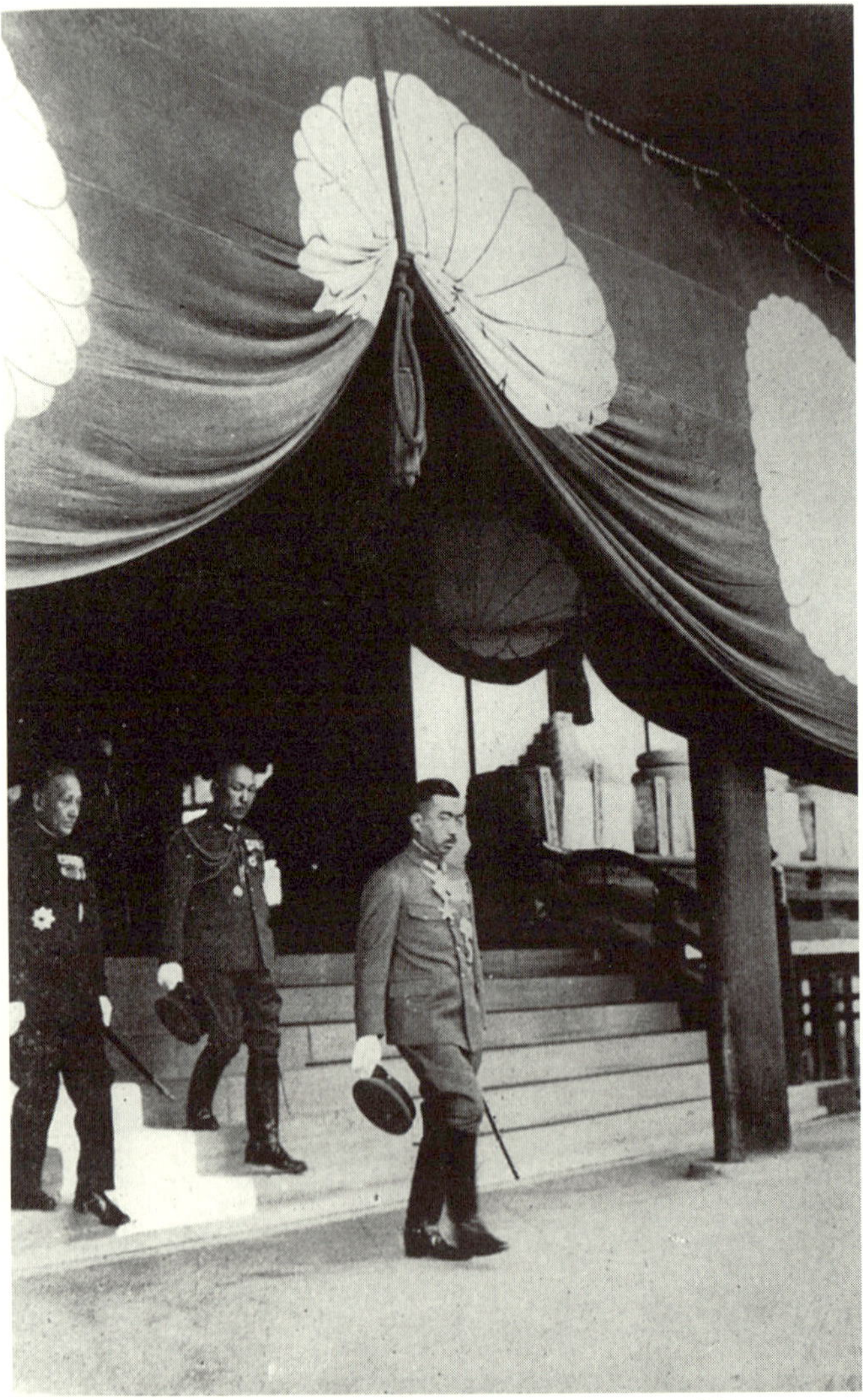

靖国神社臨時大祭に参拝した昭和天皇。戦後も1975年まで合計8回参拝している

彼は領土の拡大と戦争への情熱にとらわれていった。

こういったビックスの天皇への戦争責任の追及は、ほとんど根拠のないものであり、天皇制打倒の左翼的イデオロギー以外の何物でもない。そして、このような左翼的イデオロギーと、小泉純一郎首相（当時）の靖国参拝への批判とが、隠微に絡み合っていることなどもまちがいないところだろう。

しかし、それ以上に現在問題なのは、戦争で死んでいった人びととその戦争で国民に死ぬことを命じたA級戦犯とを、等しく「神」として祀ることへの国民のわだかまりを、靖国神社および小泉首相（当時）があまり深刻に考えていないことである。

昭和天皇はこのような国民感情の揺れや分裂に対して敏感であったから、靖国への御親拝をやめたのに違いない。私は首相が靖国神社に参拝をするかどうかより、日本の〈大いなる神主〉である天皇が靖国への参拝をとりやめていることのほうが、はるかに重大な問題を孕んでいるようにおもうのである。それに、昭和天皇はその国際法の知識や歴史認識から、中国大陸への日本軍の進出を「侵略」と考えていた。そのことは、鄧小平副首相が一九七八年十月、はじめて中国要人として来日したさいの天皇の発言（十月二十三日）に歴然とあらわれていた。

　わが国はお国に対して、数々の不都合なことをして迷惑をかけ、心から遺憾に思います。

ひとえに私の責任です。（傍点引用者）

鄧小平を感激させた、この発言にある「遺憾に思います」と「ひとえに私の責任です」という言葉は、一九四五年九月二十七日に天皇がマッカーサーに会見したさいのそれとよく似ている。厳密にいえば、前者の「遺憾に思います」は外務省（奥村勝蔵）の作成した「会見録」のなかの言葉であり、後者の「ひとえに私の責任です」は『マッカーサー回想記』に記されたものとほぼ重なるのである。

なお、鄧小平副首相の来日から八年後、A級戦犯が合祀された靖国神社への中曽根首相の公式参拝に対しての中国での反対運動に配慮して、翌年から参拝を中止したことについては、すでにふれた。しかし、このときの天皇の反応についてはまだふれていない。

岩見隆夫の『陛下の御質問――昭和天皇と戦後政治』（毎日新聞社、一九九二年刊。現在は文春文庫）に、天皇の反応が次のようにでてくる。

まもなく、富田朝彦宮内庁長官から中曽根のもとに、天皇の伝言がもたらされた。
「靖国の問題などの処置はきわめて適切であった、よくやった、そういう気持ちを伝えなさい、と陛下から言われております」

昭和天皇がA級戦犯に同情的だったことは、いくつかの発言でもわかるとおりである。しかし、それと靖国神社へのA級戦犯の合祀とは問題が別である。そういう政治的・外交的感覚が、右の発言には窺えよう。

天皇はみずからの戦争責任を意識しつつも、それをA級戦犯たちが負ってくれたとも考えていた。そうであればこそ、A級戦犯の合祀にわだかまりを持つ国民感情を慮り、そのうえで戦争責任に気配りをした政治および外交をおこなえ、と政治家（上述のばあいは中曽根首相）に伝えたかったのだろう。「靖国の問題などの処置はきわめて適切であった」という中曽根首相への伝言は、そういう天皇の政治的・外交的な感覚をよくあらわしていた。

天皇は「戦争への情熱」にとらわれていたか

最新の資料をつかって昭和天皇の生涯を克明にたどり、その戦争責任を分析したという謳《うた》い文句の、ハーバート・ビックス（ニューヨーク州立大学教授）著『昭和天皇』は、二〇〇一年のピュリッツァー賞を受賞した、話題作である。

ただ、一読して、その学術的装いにもかかわらず、作品のモチーフ（動機）に不穏なものを感じざるをえなかった。しかし、その不穏さについては、後でのべることにしよう。

原題は「ヒロヒトと近代日本の形成」、英文で八〇〇ページにも及ぶ大作である。邦訳は、上巻が二〇〇二年七月三十日に刊行され、下巻が十一月に刊行された。

全体は四部構成で、ビックスの解説によれば、おおよそ次のような展開になっている。「彼はどういう人物なのか。なぜ、またいかに日本の政治と軍事に積極的な指導力を発揮するよう入念に教育されたのか。一九二〇年代後半における政党内閣の凋落に、天皇と『宮中グループ』はどのような役割を果たしたのか。政治的・軍事的決断を迫られた、一九三〇年代初頭の満州侵略から一九四五年八月の帝国軍隊の降伏まで、そして降伏直後の段階にどのように行動したのか」と。

かくのごときビックスの解説をよめば、本書がいかにも実証的、客観的な昭和天皇の研究・伝記であるかのごとくに受けとれる。実際、本書にはかなり大量の「注」がつけられており、その多くが日本語文献である。これだけでも、読者はバーガミニの恣意的な暴露本である『天皇の陰謀』などとは異なる、学問的な著作なのではないか、と錯覚する。

しかし、その日本語文献の多くは、ねずまさし『天皇と昭和史』、藤原彰『昭和天皇の十五年戦争』、山田朗『軍備拡張の近代史』、吉田裕『昭和天皇の終戦史』といった、マルクス主義的なバイアスのかかった天皇制批判の立場に立ったものだ。そのことは、「あの戦争」の呼称にも如実にあらわれていて、ビックスは近年日本のマルクス主義的な歴史学者たちがつかいはじめた「アジア太平洋戦争」という呼称を用いているのである。

そういう史料的偏向は、近年発掘された第一次史料である『昭和天皇独白録』についての、序めの批判の言葉に歴然とあらわれていよう。たとえばビックスは、『独白録』のなかの、「開戦の際東条内閣の決定を私が裁可したのは立憲政治下に於る立憲君主として已むを得ぬ事であ」った、という天皇の言葉を引用している。そのうえで、天皇がみずから日本の軍事指導者であり、「領土の拡大」と「戦争への情熱」にとらわれるばかりか、国民の「好戦性をかきたてた」事実に口を閉ざしたとして、次のように批判するのだ。

……天皇が黙して語らなかったことはほかにもたくさんある。他人をどれほど犠牲にしようと、みずからの地位を懸命に守ろうとした点において、昭和天皇は現代の君主のなかでもっとも率直ならざる人物のひとりだった。

わたしは、昭和天皇が立憲君主として「開戦」の「裁可」をおこなったことだけでも戦争責任はある、と考えている。それゆえに天皇はみずから「退位」を口に出したのだ。しかし、ビックスは先のごとく天皇に対して「もっとも率直ならざる人物」という。その評言に、わたしは不穏な意図を感じる。

本書は、昭和天皇の戦争責任を追及するモチーフにおいて綴られている。しかもそれを、天皇がアカウンタビリティ（説明責任）を回避し、口を閉ざした観点から追及しようとしているのだ。だがこの観点は、ビックスが天皇を西洋的な立憲君主という政治概念においてのみ捉える無知から来ている。文化的伝統への考察がない。天皇が近代日本にあって、どのような民族的共同幻想であったかについて、思考が及んでいないのだ。

たとえば、ビックスは二・二六事件について、何の資料的裏付けもなく、「農村の改革との関係をまったく持っていなかった」と言い切る。これはかれが依拠した日本人研究者の文献に、そう書かれていたからなのだろう。かれは二・二六事件の第一次史料には当たっていないのである。

また、その二・二六事件を主導した磯部浅一《あさいち》について、「首謀者のなかではおそらくはもっとも狂信的」と評している。その部分の英語表記は「the most deranged（もっとも狂った）」である。こういった解釈は、近代日本にあって天皇が、国家支配の原理であるとともに、革命の原理でもあった二重構造、つまり民族の共同幻想に思いが至っていない事実を示している。

天皇「個人」に戦争責任を問う明確な意思

「昭和天皇」、というのが邦訳タイトルであるが、原題は「ヒロヒト」である。この原題そのものに、著者のハーバート・ビックスが昭和天皇を政治的主体である「個人」として扱おうとした意思が明らかにみてとれよう。

その意思は、原題のヒロヒトに付された「近代日本の形成（メイキング・オブ・モダン・ジャパン）」という添え書きをみれば、より一層明らかになる。つまり、天皇ヒロヒトは、戦争も含めて近代日本をこのように「作った（メイキング）」、それゆえその作為の責任を「個人」として負わなければならない、というのである。

こういったビックスの意思は、個人主義のうえに成り立っている欧米社会や、個人主義に馴れ親しんできた戦後の日本人には、きわめて分かりやすい論理として映った。それが、本書をしてピュリッツァー賞を受賞せしめ、日本でも多くの読者を獲得した理由にちがいない。

わたしなどは「天皇はいわば神輿《みこし》である。民族がかついでゆくままにかつがれる」（拙著『昭和最後の日々』）と考える。しかし、ビックスはこういう天皇制論にはげしく対立する。たとえば、ヒロヒトが「独裁的天皇制の枠組みにおける単なる神輿」であり、「軍部の操り人形」にすぎなかったという見方に挑戦する、と。

いやこれは、著者のビックス以上に、訳者たち（吉田裕＝監修）の意気込みのありようを物語っているのかもしれない。ビックスの原文に「フィギュアヘッド（船首像・名目上の頭首）」とある言葉を、わざわざ「御輿」と訳しているのだから。

それはともかくビックスは明治以後の天皇制国家の影の部分を、すべてヒロヒト「個人」の責任に還元してゆく。――ヒロヒトは明治天皇の「先例」、つまり天皇機関説的な位置づけをこえ、対外政策を転換させ、しだいに「領土の拡大と戦争への情熱にとらわれていった」、と。

分かりやすいといえば、これ以上分かりやすい図式はない。あの戦争の一切の責任は昭和天皇「個人」にある、というのだから。しかし、本書に引用された多くの文献にもかかわらず、昭和天皇が「領土の拡大と戦争への情熱にとらわれていった」という断定は、ビックスひとりの想像であり、先入観にすぎない。

たとえば、日本軍の侵略戦争のみならず毒ガス使用も天皇に責任がある、というのがビックスの考えである。

多くの欧米人、アジア人にとって日本の侵略戦争は蛮行と捕虜虐待を意味した。それは無慈悲で残忍な日本人という、固定観念をつくり出すものでしかなく、けっして忘れられることはなく許されることもなかった。このような残虐行為の背景には中国への国際法の適用を拒む陸軍の存在があり、国際法が実効性を持たなかったことについては天皇にも責任があった。(中略)さらに昭和天皇は毒ガスの使用について直接的な責任がある。(中略)『日華事変』が全面戦争となる前、すでに天皇は化学兵器の要員と装備を中国に送ることを裁可していた。

この論理は、毒ガスも昭和天皇が「独裁的天皇制」のもとで裁可していた作戦であるから、いっさいの責任は天皇にある、というに等しい。そういう批判をするなら、三笠宮(=若杉参謀)のように、「日華事変」は日露戦争や大東亜戦争のように天皇が開戦の詔勅のもとにおこなった戦争でないから、いっさいの責任は独走した陸軍にある、と反論することも可能である。

要するに、ビックスの論理は、昭和天皇が現実政治の上で天皇機関説に立っていた事実は採用せず、あの戦争はヒロヒト「個人」の独裁のもとにおこなわれた、という想像へと還元するものなのである。それゆえ、天皇は政治的主体としての「説明責任《アカウンタビリティ》」をはたしておらず、「現代の君主のなかでもっとも率直ならざる人物のひとり」だ、と断罪するのである。

第四章

皇室の危機と現代

皇室危機の本質とは何か

皇室にも訪れた危機

「戦後」の変化は政治、経済の分野ばかりでない。皇室をめぐる状況も大きく変わった。好ましい方向への変化なのか、それとも、そうでないのか。皇室をめぐる諸状況も、変化の方向が判然としないことは、政治・経済の分野と不思議に似ている。

現在の皇室の形態が、戦後民主主義の落とし子であることは疑うべくもない。嫡子とさえいえるかもしれない。それは、今上天皇の皇太子時代の家庭教師が、アメリカのバイニング夫人であったというレベルの話ではない。戦後、日本に与えられたアメリカ型の民主主義によって、現在の皇室が形づくられているということである。そしてそこに、現在のいわゆる「皇室の危機」の本質もあるのだ。

アメリカ型の民主主義には三つの大きな特徴がある。第一は、個人というか、「私」を強く主張するのを良しとすることだ。第二に、男女は平等であるべきこと。第三は、核家族が和気あいあいと暮らすニューファミリー型の標榜である。平成時代の皇室がそれら三つの価値を体現してきたことについては、多言を要しない。若き日のカップルが、それまでの慣習に反して、御子《こ》たちを自分のもとで育てたという一例を挙げれば十分だろう。天皇、皇后はまったく対等で、何をするにも二人の合意によることも、今日よく伝わっている。

ところが、皇太子時代は国民に拍手喝采をもって迎えられた、この理想的な個人、理想的なカップル、理想的な家庭が、両人が天皇・皇后に即《つ》いた途端、国民に違和感を抱かせ始めている。どうも天皇というのは、そういうアメリカ民主主義的なものではないのではないか、と国民は戸惑っているのだ。

美智子皇后バッシングと言われる事件（一九九三年）の背景には、少なからぬ国民が理想とする皇室像と、皇室自身の、具体的には天皇・皇后が理想とする皇室像との衝突があるように思う。国民と天皇・皇后との間に、いわば摩擦熱が起きている。国民はむしろ自己主張せず、男女平等も言わず、とりたてて自分のファミリーを押し出しもしなかった昭和天皇に、本来の〝天皇らしさ〟を覚えているのではないか。それは必ずしも国民が昭和天皇を好いていたということを意味しない。昭和天皇が天皇として演じていた役割に、国民が違和感を持たなかったということである。

民主主義とは背反する皇室

原理的にいえば、民主主義と皇室とはそもそも背反するものなのだ。誰もが「天皇」になれるわけではないからである。民主主義を完遂しようとすれば、「天皇」という存在は、なくすしかない。そのことを考えたうえで、天皇・皇后は民主主義を主張しているのだろうか。

昭和天皇に関して大方の国民が記憶していることといえば、昭和天皇が何を耳にしても、例のいくぶん甲高い声で、「あっ、そう」としか答えなかったことだろう。昭和天皇は、戦後民主主義最大の徳目の一つである「私」を主張しなかった。いまの天皇・皇后の場合と違って、昭和天皇のプライベートな側面が報道されることはほとんどなかったとはいえ、「この記事は事実と違う」「この記事も真意を伝えていない」といった自己主張はいっさいなかった。戦後の昭和天皇は徹底して無私、また無為だった。

昭和天皇がその禁を自ら破ったのは、わたしの記憶では、三笠宮家の寛仁さまが昭和五十七年（一九八二年）四月、突如として、皇籍離脱を言い出したことに対して、「わきまえよ」と言ったとされることと、後述する皇太子妃・美智子さま主宰の宮中における聖書講読会に関して、「皇室は古来、神道である。聖書を読むことは構わないが、それに捉われることがあってはならない」といったようなことを口にしたことくらいだろうか。美智子妃はこのときも精神のバランスを崩し、失語症になっている。

寛仁さまの皇籍離脱宣言は、当時、三億八千万円の国費を投じて建設中だった殿邸では狭すぎて、諸外国の王室関係者を自邸に招きにくいといったことにあったが、昭和天皇は記者会見でも「皇室は国民とともに歩むことが伝統であるから、皇族としても国民の皇室に対する期待がどんなものであるかを十分把握して、それに沿うよう努力してほしい」と、はっきり注文をつけた。

昭和天皇の考えは、古くからの「社稷《しゃしょく》（国家）を重しとし、君を軽しとす。而《しか》して民を最も重しとす」という思想を基にしている。つまり、国民を第一とする。そのことによって生まれている昭和天皇の「無私と無為」は、戦前の失敗から、彼自身が学んだものでもある。

確かに戦前は、昭和天皇も自己主張をした。二・二六事件のとき、蹶起部隊の出現に戸惑う陸軍首脳に対して、「自分が軍服を着て、鎮圧に行くから馬を用意しろ」といったことを口にしているし、蹶起部隊に同情的だった一歳違いの弟・秩父宮を激しく叱責もしている。敗戦の際も、意思を通した。しかしその結果、二・二六事件では、蹶起部隊に加わった青年将校や一般兵士、さらには国民の間にさえ、「ああまでやらなくてもいいのに」とか、「死刑にする必要があったのか」といった恨みを残してしまったのである。恨みといわないまでも、天皇と国民の関係に、しこりが残った。敗戦にいたる大東亜戦争を始めたことに対しては、いまなお国民の間に昭和天皇へのこだわりがある。

そのせいか、『昭和天皇独白録』にも、昭和天皇が「これは違うのではないか」といった類いの意見を述べて西園寺公望にとがめられ、以後、自分はベトー（veto）、つまり意見は言わないようにしたというくだりがある。天皇たるものが政治をやり、政治的判断を下してしまえば、たとえそれが正しい判断にもとづくものであっても、国民の一部を切り捨てることになる。政治というのは効率の問題だから、必ず多数を救おうとし、少数を切り捨てる。そうだとすれば、政治をやる限り、国民の一部に恨みやしこりが生じる。それでは、国民全体の天皇ではあり得ないのだ、という反省にもとづいて、昭和天皇の後半生はかたどられたといっていいだろう。昭和天皇のそうした戦後の生き方、あるいは皇室のあり方を見て、「自分たち国民が理想とした象徴天皇制はこういうものなんだな」と納得してきたのが、戦後の年月だった。

このことについて中曽根康弘氏が、『文藝春秋』の一九九三年三月号で面白いことを言っていた。「日本の歴史を見れば、天皇が実権を握って政治をしたのは、神話によれば神武天皇から、せいぜい景行天皇ぐらいまでです。しかし、神話であって、本当かどうかはわからない。歴史を実証的に検証すると、ある程度長期的に実際に実権を握ったのは、明治、大正、昭和の三代のようだ。後醍醐天皇は実権を回復しようとして失敗したし、後鳥羽上皇も失敗したんですね。もし政治の実権を握って統べていたら、倒されて、天皇制は継続していなかった可能性もある。象徴的存在であったから守られてきた」と。

要するに、政治というものは下々《しもじも》のやるもので、上《かみ》つ人のやるものではない、なぜなら権力を行使するということは、ある者を切り捨てるのはもちろん、ときには政治的に抹殺する場合があるからだ。そういう権力の行使をすれば、それに反発したり、より強大な権力を持とうとする者に必ず乗り越えられる。中国の皇帝はみなそうだった。これに対して、日本の天皇制は権力的存在であることを止めたから生き延びた——というわけだ。

中曽根氏の言うとおり、確かに中国では、「天が私に命を下した」と革命を主張し、権力を倒すことに成功した者が新しく皇帝に即《つ》くことができた。北一輝が昭和天皇に嫌われたのは、「自分はシナ（中国）に生まれたら、天子になれたと思うよ」などという矯激《きょうげき》なことを言ったからだ。つまり、天皇制が権力そのものの王権であったなら、それは奪うことができ、結局のところ、天皇制そのものが失われていただろう。

平成の天皇・皇后は、わたしの見るところ、こうした天皇制の無為無私の理想と遠いところにいると思う。個人としての好悪の情も比較的はっきり表明する。天皇がまだ学習院の学生だった皇太子時代には「×××さんは民族主義的で、嫌な政治家だ」、「○○の書くものは嫌いだ」といった発言をしたと報道されているし、最近も京都御所で「なぜ、私たちまで靴やハイヒールを脱がなくてはいけないのか。脱ぎたくない」と言ったと伝えられた。今回の一連の皇室報道についても、皇后が「幾つかの事例についてだけでも、関係者の説明がなされ、人びとの納得が得られれば幸せに思います」「事実でない報道には、大きな悲しみと戸惑いを覚えます」といった要望を宮内庁職員や記者クラブにしている。事実と違う場合は徹底して争う、という明確な意思表示、自己主張である。

天皇・皇后は政治的な発言も進んでする。即位後の国会では「憲法を遵守します」と明言した。民主主義の時代にあっては当然のこととはいえ、天皇が「憲法を遵守する」と宣言したことで、諸外国は日本の民主主義権力の中枢に天皇がいるとの理解を、改めて持った。そこで、訪中の要請をした中国などは、天皇を「元首」として迎えると言ったのである。そして政治権力である以上、戦禍に対する陳謝も首相でなく天皇にしてもらいたいというリアクションが、韓国や中国ばかりでなく、たちまちにしてアジア中から起きた。当然のことだろう。

細川内閣が誕生し、細川護熙首相が最初の内奏をした折にも、「私より若い人が首相になったのは初めてです」と言っている。連立政権ができて、旧野党関係者と言葉を交わせるようになったことについても歓迎しているという。「初めて全国民の代表と接することができるようになった」というわけであろう。それはそれでいいのだが、昭和天皇にはそもそも与党、野党という区分けがあったかどうかも疑わしい。敗戦直後の動乱期、「米よこせ」デモをした共産党に対しても、「あれも日本国民だろう」と言ったほどだ。

美智子皇后は秋篠宮の結婚に際して、「秋篠宮家の繁栄を祈ります」旨の発言をした。家族を大事にするという姿勢は一部に好感をもって迎えられたが、一方で、天皇家が祈るべきは宮家の繁栄ではなく、国民の平安、国家の安泰、民族の永続ではないのか、という疑問を一部に生ぜしめた。

皇太子時代と同じでいいのか

わたしは、個人、男女平等、家族愛というアメリカ型の民主主義理念を全面的に押し出してくる平成の皇室というものと、戦後の昭和天皇がほとんど独力で再建した伝統的な無私・無為の皇室というものとが、今後いよいよ先鋭的に衝突し、摩擦熱を生ずるだろうと考えている。皇室ジャーナリストの河原敏明さんなどは、今上天皇と皇后とが「開明的な皇室」への改革を進めているのだ(『プレジデント』一九九三年十二月号)というが、問題はそれがどのような皇室像か、ということだ。戦後民主主義的といわれるのは本意でないと言うのであれば、皇太子夫妻だった時代と、天皇・皇后になったいまとで、まったく次元の違う立場にいることに関して、あまりに無自覚である。

もちろん、常に時代は新しくなっていく。平成の天皇の時代になったら、平成の天皇のカラーが出てもいいじゃないかという意見もある。それは、天皇・皇后の考えでもあろう。しかし、男女平等のもと、二人がいつも和気あいあいとし、ときにダンスをするのもいいが、それを人に見せる必要があるだろうか。日本においては、時代が新しくなることとイコール維新であっても、革命ではない。天皇・皇后に即いた者が満座のなかでダンスすることは、ヨーロッパの王室に近い皇室への革命であっても、維新ではない。革命は、皇室それ自体を解体してしまうに違いない。

士農工商の身分制度を取り払い、藩制度もなくした明治維新はむろん歴然たる革命だが、それを明治革命とは呼ばないのは、古くからあったものを維《こ》れ新たにしただけ、という日本人の民族意識、文化の現れだ。この維新を一番よく象徴しているのが、実は天皇制というシステムなのである。つまり、後醍醐天皇も、孝明天皇も、明治天皇も、昭和天皇も、生きているときはすべて、単に「天皇」であって、そこには、「明治天皇」とか「昭和天皇」といった天皇の「個人」はない。「明治」とか「昭和」というのは諡《おくりな》にすぎない。個人はなくても、天皇制は続く。つまりそれはシステムなのである。象徴的にいえば、それは、いまつくっている米のなかにも百年前の米の命が入っているし、千年前の米の命も入っているという米づくりの国の民が考え出した制度なのである。いまの米は、古い米を維れ新たにしたものなのだ。

さらに言えば、この考え方は、米はつくるものではなく、なるものだという思想につながっている。西田幾多郎はかつて、「松が生まれたときから松であるように、竹が生まれたときから竹であるように、人間も生まれたときから人間なのである。どんなに小さくても、どんなに年老いていても、あるいは腕が一本なくても人間である。自己をつくるなんていうことは西欧近代のものいいで、人間のなすべきことは、自己を建築することではなく、自分は自分であるという本質を自覚すればいいんだ」といった趣旨のことを書いた。人間はつくるもの、人格は形成するもの、皇室は新しく自分たちがつくるのだ、という欧米流の今上天皇・皇后流の革命的な考え方と、それは根本的に異なる。革命をすれば、最終的に、民主的でない、つまり望んでも努力しても誰もなれない皇室はなくなる。

昭和天皇は古い帽子、古いワイシャツ、履きふるした長靴姿で、いまでは全国どこにも残っていないようなお手植えの田植えを一種のパフォーマンスとして長年にわたってやってきた。しかし、これとても個人としての昭和天皇がやったのではなく、千年、万年と続いてきた生命の連鎖を国民とともに感得しあう表現にすぎない。「共感共苦」するカリスマの姿に近いのである。仮に、明治天皇が稲の苗を手植えしている姿など一度も新聞紙面に出ていない、という指摘を受けたとしても、昭和天皇は「あっ、そう」。つまり、「そんなことは知らない。私は日本はそうした国だと思うのでやっているのだ。そういう日本の国民にとって、今年もまた米がたくさんとれて生活が平和でありますようにと祈っているのだ」と言うような気がする。国民の側もそのパフォーマンスを、そのように受け止めた。そのように受け止める国民は、米の命を日本の文化的な価値の究極に置き、そういう米づくりの国の祭祀者、民族の見守り手として、天皇制をとらえた。むろん、これは民族がつくったフィクションであるから、米の部分開放がなされようと、そのこと自体で変わるものではない。

わたしの『昭和天皇伝説』にも書いたことだが、敗戦翌日の一九四五年八月十六日、昭和天皇はいつものように、その日の天候状況を侍従武官が報告してくれるのを待っていた、という。侍従武官は戦争が終わり、空襲もなくなったから、敵機が来るかどうかに関わる天候報告はいらないだろうと考えたが、昭和天皇は、米づくりがうまくいくかどうかは天候に関わっている、と考えていた。だから、死の床でも、常に気にしていたのは天候のこと、米の作柄のことだった。

この点、平成の天皇・皇后は、米づくりの国などという実態がすでにないのだから、何も米にこだわる必要はないのではないかという考えの持ち主であるように、わたしはおもう。泥臭い米づくりのパフォーマンスよりは、イギリス王室のように、ファッショナブルに、そして華やかに、皇室外交を展開したいのだろうと思う。米のことは別にしても、天皇・皇后には自分たちのことや自分の家族のことは頭にあっても、国家とか民族のことはあまり念頭にないのだろうとおもう。だから訪中が問題になったときでも、「自分たちは行きたい」と言ったわけだ。

今上天皇・皇后になって、外遊が増えた。昭和天皇が生涯に欧州とアメリカぐらいしか行かなかったのと較べると、もうその何倍も外遊しているのは、イギリスの王室外交を理想としているからだろう。

国民は、第三の開国といえる大激動期のなかで日々暮らしているだけに、価値の変化を越えた不変の像を天皇制に見いだしたいと考えているように思うが、天皇・皇后はそれを引き受けるつもりはなさそうだし、第一、そんなことはそもそも引き受けられるわけがないと考えているかもしれない。そこに、ある種の摩擦熱が発している、とわたしはおもう。

政治に利用される皇室外交

平成の皇室が華やかなロイヤル外交を展開したいと考えているであろうことは、元外交官を何人も宮内庁職員に入れていることでも分かる。広報担当になった侍従も、外務省出身である。外務省のキャリア職員だった小和田雅子さんを皇太子妃に迎えたのも、ロイヤル外交を意識してのことだろう。昭和天皇が外務省から真崎秀樹氏（真崎甚三郎大将の息子）を引き抜いたのは、二・二六事件における国民とのしこりを溶解するパフォーマンスだったのだ。

現在（一九九四年当時）宮内庁職員の中の一人、わたしの記憶では元フィリピン大使だった人物は、アキノ大統領（当時）がマルコス前大統領（当時）の不正を暴き始めたときに、それを抑えようとした人である。マルコスと日本企業との癒着が露呈して、日本にとっては得策ではないからそういうものをあんまり暴かないでもらいたい、というようなことをフィリピン政府に言い、一種の外交的圧力を行使した。

ロイヤル外交には落とし穴がある。一番大きな問題は、たとえば、一九九二年の訪中のように、政治に利用されることだ。天安門事件で国際的に評価を下げた中国が内政上の必要から、天皇を日本の「元首」として招いた。天皇は決して元首ではなく、中国もそのことは十分承知していたはずだ。しかし天皇は「元首」として中国に招かれた。あのときの訪中には国民の間にかなり反対意見

1975（昭和50）年の訪米におけるホワイトハウスばんさん会にてスピーチする昭和天皇（左はフォード米大統領）

があったが、宮沢政権が最後に押し切ったのは、「天皇陛下が望んでおられるから」という一言だった。要するに、天皇・皇后の希望を優先させたのである。

改めていうが、昭和天皇が生涯に外国に行ったのは、皇太子のときをも含めて三回しかない。戦前のイギリスと、戦後になっての欧州とアメリカだ。晩年は国内旅行もほとんどしなかった。ところが今の皇室は、毎日のように外出するし、外国にも出る。イギリス王室のまねをしてロイヤル外交をやっている。

征服民族の王朝として、その威厳によって国民を押さえつけなくてはならなかったイギリス王室は、自分たちはこんなに外国の王室ともつき合いがある、ということを絶えず国民に見せていないといけない存在だ。実際問題としても、外国の王室に親類がいないと、万一のとき亡命できないという事情もあろう。

昭和天皇のときは、国内旅行であっても、日程はすべて宮内庁で決めた。その外出は、おおむね政治が決めたものだった。わずかに国技館へ相撲の観戦に出向いたが、それだって数は少なく、相撲が米づくりの国の文化だったからだ。午後五時までは国民が働いているということで、その時間まではテレビすら見なかった。

ところが、平成の天皇・皇后はそういう形で訪中も決めるし、ベルギー王室の葬儀のためということで、ベルギーにも出かけた。そのため細川政権の誕生は四日ほど延びた。政権交代のお墨付きを与えるという、憲法上でも最重要な国事行為をせず、ロイヤル外交を優先した。

時代によって異なる天皇像

天皇・皇后の私事《わたくしごと》優先は、今回が初めてではない。平成三年十月五日の宮沢政権の誕生のときも、天皇・皇后は、京王プラザホテルで開かれていた国際周産期学会とその後のレセプションに出席するため、宮沢政権の認証式を夜九時まで遅らせている。その学会の会長が皇后の手術の執刀医で、紀子さまのお産にも立ち会った担当医であったため、ぜひともお祝いにいきたい、ということだったという。このことは、朝日新聞の皇室記者だった岸田英夫さんが『文藝春秋』の一九九三年十二月号に書いている。

皇太子時代の天皇が、「天皇も九時から五時までの勤務になるといい。あとはプライベートな時間をすごしたい」と言ったとのエピソードが、友人によって披露されているが、天皇・皇后はその勤務時間中も半ばプライベートな時間を過ごしているのである。私《わたくし》を大事にし、ロイヤル外交を展開するイギリス王室を理想とする平成の皇室と、昭和天皇が演じていた無私・無為の、そうして米づくりの祭祀者で、民族の見守り手であるという皇室像とでは大きな差異がある。そして、その差異の大きさに少なからぬ国民（ならびに宮内庁職員）が戸惑っている。

むろん、国民が考える天皇像は、時代によって異なる。明治のときは、天皇が軍服を着る形で登場した。ある女官は、軍事などは下々のやることで天皇のすることではない、これで皇室も終わりか、とその日記に書いたほどだ。しかし明治という時代、西洋列強に組み敷かれないためには、軍事的にも、政治的にも、経済的にも、中央集権的な統一国家をつくらなければ、日本は耐えていけなかった。であれば、天皇も軍服を着なさい、サーベルも下げなさいというのが国民の意志だったといっていい。そしてそのように、明治の天皇は国民に神輿としてかつがれた。天皇制は民族の神輿なのだ。

もう一つの、その一番大きな問題というのは、日本が近代化を終えたいまという時代、国民の側が天皇をどうかつぐべきなのかわからない、ということだと思う。このとき、それはロイヤル外交をするんです、という形の皇室像を、天皇・皇后の側が突出して押しだしてきている。この場合は、天皇・皇后からというより、皇后からといったほうがいいだろう。天皇は、相談にいっても、「どうだろうな」ということが多くて、結局は、皇后が決めているようなのである。天皇は戦後民主主義の教育を受けているとはいっても、皇室の中で育っているから、天皇の理想像というのは「あっ、そう」だと思っているフシもある。ただ、現在、その「あっ、そう」というのを言わせているのが国民ではなくて、皇后であるところに問題がある。

なぜ、皇后だと問題なのか。それは、天皇にものを言い、一生懸命に働く役というのは男と決まっていたからである。森山真弓さんが官房長官であったとき、今まで官房長官が相撲の優勝者に賞状を渡していたのに、わたしはなぜできないのか、女性に対する差別じゃないかというふうなことを言って話題になった。しかし、これはまったく間違っている。柳田国男によれば、日本の八百万《やおよろず》の神々のほとんどは女性格である。実際、わたしが歩いてみても、日本の古い神社、山奥とか海辺の小さな神社に行くと、そのご神体は鏡であったり、櫛であったり、あるいは女性の性器そのものであったりする。これは、日本が米づくりの国であることからきたもので、自然の力、米の力、豊穣の力、産む力……と考えた末の最後の源泉は女性の力だということになったものであろう。その女性の持つ、すべてを生み出す力を借りてきて、天皇はこの米づくりの国を始めるという考え方だ。

天孫降臨伝承のもとをなす天照大神が女神であるのは、象徴的なことである。天皇即位の際の諸儀式からもこのことはうかがえる。ものを生み出す力、女性の力を借りてきて、天皇はこの地上を統べる、見守る。そのため、天皇もまた女性格である。だから、江戸時代の勤皇家にしても誰にしても、直接、天皇には会わなかった。御簾《みす》ごしに会うだけである。高山彦九郎の歌に、「われを我としろしめすかや皇《すめらぎ》の玉の御声のかかるうれしさ」というのがある。御簾ごしに、貴い女性格の天皇を仰ぎ見る。要するに、男というのは、この女性格の天皇のために尽くすというのが日本の精神構造だった。

だから、幕末の志士から三島由紀夫まで、この国の社会運動、維新運動には、ほとんど女性が登場しない。これは、女性蔑視ではなくて、母なる天皇のために男どもがひたすら働くという構造なのである。

つまり、さきほどの相撲は、その優勝杯授与も含めて、それ自体が米づくりの国の神に、あるいは女性格であるところの天皇に奉納するものであって、そこに女性が出てきてしまったら、儀式にならないのが日本の伝統的姿形なのである。その伝統にあっては、天皇は何もせずに、私心なく座っていなければならない。

権力行使を抑える人がいないのか

明治の自由民権運動家の代表的な思想家であった中江兆民は、天皇の命によって西園寺公望が「東洋自由新聞」の社長になるのはいけないと辞任させられたとき、『天の説』を書く。その中で兆民は、天皇というのは太陽、つまり天であるから、民草に光を与え、雨を降らせ、時には暴風雨を見舞ったりするけれど、ともかく、すべての国民に対して平等なのだ。そのことによって稲が伸び、民草も伸び、民権も伸びる。結果として、雲をうがつような状態、つまり天皇制権力をそぎ取るようなことになるかもしれないが、それは天が望んだこと、大公にして無私なる天皇自身が民のために望んだことなのだから、むしろ喜ぶべきである。それこそ東洋の無私、あるいは無為なる天の意味である――ということを言っている。システムとしての天皇は、「私」を主張してはいけないのだ。

紀子妃の「おぐし事件」というのがあった。秋篠宮の髪が乱れているからと、紀子さまが手でなでて直している場面を写真に撮った〝事件〟だ。ほとんどの国民にとって、それはほほえましいシーンではあっても、決して不敬などとは思わなかった。ところが、皇后はああいう写真はよくないと言って引っ込めさせた、と巷間には伝わっている。あれは宮内庁の一職員の独走だったともいわれるが、いずれにしても、あのシーンを写真に撮った共同通信のカメラマンは会社を辞めざるをえなくなった。

皇后は、女性誌であれ一般週刊誌であれ、テレビの皇室番組であれ、「ここは事実と違う。どうしてこういうことが正されないのか」と頻繁に言うという。いまの写真の件では、「事実と違う」と言っていないのだから、やはり皇后が引っ込めさせたということになる。「私」を出すことによって、細かいことにいちいち目くじらを立てるといった事態が生じる。つまり、自分の理想とする皇室像というのを明確に持っているため、それにそぐわないものを排除しようとする。

その意味では一連の皇室報道は、皇后の理想、事実尊重主義に抵触したのだろう。そんな国民とはもう話はしたくない、というのが今回の失語症だ、と私は思っている。しかし、細かな事実の相違をマスコミと争って何になるのだろう。事実は尊重されなければならないが、一見、無権力であるように見えても、皇室が目に見えない大きな権威を持っていることは、国民みんなが知っている。

そういう皇室が、「ラーメンをつくったのは宮内庁の職員ではなく、私なのに」とばかりに、マスコミと同じレベルで論争するのは、絶大な権力の行使、圧力なのだということに無神経すぎる。「宝島」や「文春」社長への銃弾は、その権力行使を背景に生まれているのだ。

そういった権力行使を抑えるというか、諌めるような思慮ある人が、宮内庁の中にいないというのも問題だ。皇后に苦情を言われて、マスコミに訂正を申し出るというのではまさに小間使いにすぎない。明治天皇における西郷隆盛とか、昭和天皇における西園寺公望や吉田茂のような人とまではいわないが、「国民のための皇室」を演出できる政治家が皆無に近い。マスコミと事実関係で争うようになると、宮内庁がとくに問題にはしていない報道、即ち、二週間の洋服代が何千万円したというのは本当だったのか、事実はいくらだったのかといった、極めて低次元な話になってしまうだろう。

「開かれた皇室」の落とし穴

皇后の失語症の問題も、今回が初めてではない。前述したように、美智子皇后は、皇太子妃時代、後の常陸宮をも誘い、皇居で聖書講読会を主宰した。そのとき、教養として聖書を読むのはいいが、宮中でキリスト教を講義するようなことはやめよと注意したのが昭和天皇だ。美智子妃は天皇に叱られたショックから失語症になった。その事実はかなり流布している話だが、わたしがそれをある雑誌に書いたところ、宮内庁から編集長に対して「あの論文はちょっと問題がある」と言ってきた。

編集長が「ということは、事実と違うのですか」と聞き返すと、「それは答えられない」。「では、間違っているので訂正せよということではないわけですね」「要するに、書かないでもらいたいのです」「そのことを本人に伝えるだけでいいんですね」「それもやめてほしい。編集長かぎりにしてほしい」。つまり編集長の力で、今後はそういうものを載せないでくれという圧力を、隠微な形でやる。

皇室が、事実と違うと言ってくると、マスコミのほうでも、では何が事実で、何が事実でないのかをいま一度、徹底的に再検証するし、天皇・皇后のほうも、何月何日はどこにいて誰々とは会っていないといったアリバイを、証明しなければならないことになる。「開かれた皇室」という甘い言葉に乗れば、話はそこにまでおちてしまう。

『宝島30』『週刊文春』に対する、この間の皇后からの反論、つまり夜九時以後の外出はないとか、御所にそれ以後いたのは、いわば身内の秋篠宮と皇太子夫妻だけだといったことを、今後も事実をもっていちいち明らかにしていく、などということを国民は、天皇・皇后に期待していないと思う。現在の皇室が、国民の中にしっかり足を下ろしていきたいと考えているのは本当だろう。しかし、それが、街をみんなと一緒に歩きたいし、国体などに出かける際も特別列車で行くよりは、国民と同じ列車に乗っていきたいというレベルのことなら、「普通の人」になるしかない。

皇室が国民に近づけば近づくほど、お互いの存在形式が違うのだから、摩擦熱が激しくなる。税金を負担する国民と、使う皇室とを同じ扱いにしたら、どうして差別が存在するのか、という問いが出てきて当然だろう。同じ列車にいて、そのとき、野次が飛んだ、冷たい目で見た……といちいち気にしていたら、体が持たないのではないか。皇后は、国会の開会式にも天皇と並んで出席したいと願っているかもしれない。そのときは共産党も出席してほしいと思っているかもしれない。しかし、もう少し大きな立場に立てば、そんなことはどうでもいいのではないか。

昭和天皇の場合は、難波大助が虎ノ門事件で自分を狙撃しても、「難波の家族はどうなっているか」と言い、よくも悪くも一君万民、国民に右翼も左翼もないとの立場を貫いた。すでに触れたように、敗戦後の米よこせデモのときも、「朕はたらふく食っている。汝、臣民飢えて死ね」というスローガンを共産党が中心になって掲げたのに対して、昭和天皇は、「あれも国民だろう」としか言わなかった。つまり意見の違いや利害対立のすべてを超越しようと努め、実際、超越してみせた。その点、平成の天皇・皇后は、だれからも好かれたい、自分を好きでない国民が一人でもいることが納得できないというある種の潔癖さが勝ちすぎているように思う。しかしそれを「私」の主張として表に出し、事実はこうです、といえば、その権力行使は必ず問題を生ずる。

天皇が無私または無為の存在であれば、「私」のプライバシーなどない。しかし、ないプライバシーを見ようとする者もいない。逆に、「私」の自己主張が激しいと、そういうプライバシーも見せてもらいたい、となる。実際に服を何着持っているのか。靴はどうか。宝石は……。それらは、あのイメルダ夫人が持っていたのとどちらが多いのかといった具合に、国民の愚にもつかない知りたがりを刺激する。やがては国民の知る権利に応えよ、みたいなことになると思う。「開かれた皇室論」の陥穽《かんせい》がそこにはある。

京都に移られたほうがいい

東京都が遷都に反対を表明するというなかで、再び遷都論が注目されているが、一連の遷都論で欠けていたのが、皇居をどうするのかという問題だ。一緒に新都に持っていくのか、それとも東京に居続けるのか、そういう問題である。皇居をどうするのかという点を抜きにしての遷都論など現実的ではない。

明治天皇は権力の中心として位置づけられたために、国家の首都であり、軍事の中心、政治の中心、経済の中心である東京に出てきたわけだ。象徴天皇制の定着したいま、天皇・皇后が首都にいる必要はない。天皇が日本文化の根底にあり、ずっと長く続いてきたことを象徴するためにも、むしろ権力的な機能の中心からは超越してしまったほうがよいと思う。とするなら、京都あたりにおさまるのが一番いい。

そうすれば、いちいち国賓に会うことも必要なくなる。政治的に利用される可能性も少なくなる。たいていの国賓は経済援助を欲して、天皇に会う。天皇に会い、「仲よくやっていきたい」と言われたからと、首相に圧力をかける。天皇をそういう政治の中心に巻き込もう、巻き込もうとしたのが中国だ。天皇をそういう国際政治の修羅場から遠ざけて、これは日本だけのローカルな文化なのだと国際的に主張するためにも、京都に移られたほうがいい。そして、日本の固有の文化を象徴する皇室に対して親しみを持っていたり、尊敬を持っていたりする人だけが、京都に出かけるという形になるのが自然だ。

日本はこれから民主主義をどんどん追求していかなくてはならないというのは、その通りである。が、それと同時に、天皇制を抱えた日本の国家、日本の民族のあり方というものを、この際、いま一度、考え直してみる必要がある。米づくりの国のフィクションとして、日本民族のアイデンティティーをそこに託してきた天皇制と、民主主義とのかかわりをこれからどう均衡させていくかの問題である。そういう問題が、これからまさに問われてくるだろう。

その意味では、民主主義的に天皇・皇后の意見を聞く必要はないのではないか。天皇・皇后が個人的にどういう思想を持っているか、どういう好みを持っているかは、本来的に関係ない。要は、日本民族の生きてゆくシステムの問題だからである。つまり、天皇に求められているのは生身の天皇個人ではなく、国民の理想を体現した無私なる立場である。天皇という存在自体が一種の民族の永続性のためのシステムなのだ。この民族の永続のためのシステムである天皇制というものを、天皇・皇后がどのように引き受けてくれるのか。また、引き受けてもらうために、国民はいま天皇制というシステムを維れ新たにするためにどうしたらよいのか、がいままさに問われているのである。ロイヤル外交をはじめ、天皇・皇后が目指す新しい皇室像はかなり明確に出ているのだから、国民はそれを踏まえつつ、皇室を国民のなかでどう位置づけしていくか、今度は、国民がみずから考えるべきなのだ。要は、新しい皇室のかつぎかたをどうするかの問題である。

信教の自由は、憲法にもはっきり認められた権利である。だから、昨年の天皇・皇后のヨーロッパ訪問で、皇后がバチカンにはどうしても行きたいと言って出かけたとしても、フランスだかどこかの修道院で、向こうの修道女と二人だけで礼拝をしたとしても、とやかく言うつもりはない。しかし、八百万の神など信じてもいない人が全国植樹祭などで心に染まぬパフォーマンスをさせられていることに、わたしは痛ましさを覚えるし、神道、あるいは米づくりの国の祭祀ということを、最後のところで信じられないであろう皇后が皇室の中にいること自体が悲劇かもしれない、という気はする。

米づくりから来るところの日本文化は、いま、戦後民主主義的で近代合理主義に依拠する皇后によって、真正面から挑戦を受けている、といってもいい。問われているのは、一国の文化とは何か、民族の歴史とは何かという問題だ。今回の事件は皇后にとって、あるいは平成の天皇・皇后にとって我慢できない事実の間違った報道があったからの騒動に見えるかもしれないが、皇后によって提示された問題はそんなことよりはるかに深く、鋭い。これから日本はどうするのか。そこでは天皇にどういう位置にいてほしいか。どういうシンボルであってほしいかという、まさに歴史観の問題を国民が突きつけられているのである。

わたしなら、天皇とは「日本国民のために祈る」祭祀者というシステムにほかならない、と答える。いま重要なのは、報道を皇后に批判され、「お詫び」し自粛するということではない。われわれ一人ひとりが、日本の文化のありようについて、また民主主義とはダブルスタンダードであるしかない天皇制について、そしてまた、皇室の小間使いになってしまっている宮内庁の組織について、自ら真剣に問うことこそが重要なのである。

皇位継承と皇室のあり方

ここで二〇〇四年秋に受けた、皇位継承、皇室のあり方についてのインタビューを載せておこう。

煩雑すぎる公務への疑問

——このところ、皇室の皇位継承の問題が「お世継ぎ問題」「皇統の危機」とさまざまな言葉で新聞、雑誌の誌面を賑わしています。この問題の本質的なものは「宮内庁の混乱」「女帝の継承の是非」にあるかとも思われますが、松本先生は女帝問題についてはどう思われますか。

松本　私が考えるには、皇室典範の「男系男子」というところを、変えていった方がいいと思います。変えていくことは、日本の文化である天皇制システムにとっては、何の矛盾でも違反でもありません。もともと日本の神々は、半分以上が女性です。これは、民俗学者の柳田国男が言ったことだけれども、日本全国の神社を回っていくと、御神体として祀られているものは、女性の鏡とか櫛とか勾玉《まがたま》とかの装身具、これが御神体として祀られていることが多いわけです。ということは、その神様は女性格であるということですね。日本の国ということで考えれば、伊耶那岐《いざなぎ》、伊耶那美《いざなみ》が出てきて、国造り、あるいは神生みをする。男女ペアで出てきている。日本は、伊耶那岐、伊耶那美の時から男女対等の伝統があったわけです。

ヨーロッパのキリスト教の「天にまします我らの父よ」とは全然違います。男女対等思想というのはもともと、キリスト教的な世界で神が男であり、社会が男性本位社会であるから、それに対する革命思想として出てきた思想です。日本の場合には、伝統的に男女対等というのが基本です。男のあばら骨の一本から女性を造ったという神話はどこにもない。初めから男神と女神がペアでいるわけです。それから、天照大神《あまてらすおおみかみ》という太陽神がいて、これも女性神なわけです。その血統を引き継いでいる天皇が女性格であっても少しもおかしくない。

――「それまでの雅子のキャリアや、そのことに基づいた雅子の人格を否定するような動きがあったことも事実です」（二〇〇四年五月十日。皇太子殿下記者会見）といった皇太子発言が波紋を呼んでいますね。

松本　あの発言は、基本的に皇太子殿下が「私」の権利を主張する、あるいは「私」の家族を守る、特に妃殿下の人格というものを守るという形で明確に主張されました。歴史的に見て、きわめて珍しいことです。もう少し敷衍《ふえん》すると、戦後の「私」の権利を主張する、あるいは民主主義、国民主権という流れのうえに立っているんですね。皇室のなかにもそういう主張が出てきたということとです。

国民にも、皇太子発言は当然だろうというふうに思われている。国民の方が、皇室よりも先に国民主権、民主主義という「私」の権利を主張する体制ですから――そうして戦後六十年経ちますから――皇室の人が同じような主張をしてもおかしくないと受け止められているんだと思います。――皇室のなかにも戦後民主主義的な価値観が入り込んできたのは、現在の天皇皇后両陛下の頃からですね。

松本　昭和天皇までは、極端に言えば天皇しか意味がありませんでした。皇后は奥さんという意味であって、天皇と皇后が男女同権的なかたちで公の面前に出てくるという機会はほとんどなかったのが昭和天皇の時代ですね。

けれども、美智子さまが皇后になられてからは、ほとんどペアで出てくる。天皇皇后両陛下というかたちで、ご一緒に出てくる機会がものすごく多くなりました。そうやって新たに作られた今の皇室のかたちを、そのまま皇太子殿下と妃殿下が、同じような形でやろうとしている。宮内庁は一方で子作りに励めと言いながら、公務自体をどんどん増やしているわけです。逆に言うと、今の天皇皇后がそれだけ公務を作ってしまったんですよ。

昭和天皇の場合には、それほど公務はなかったわけです。国体に出るとか、議会の開院式に出るといった程度で、公務の数は少なかった。ところが今では、赤十字の催しにも出てくるし、警察官の全国大会なんかにも両陛下が出てくる。それを同じかたちで皇太子ご夫妻がやろうとすると、障害者何とか大会とか全国絵本何とか大会とか、どんどん細かい集まりに出ていかなくてはならなくなりました。

――公務のインフレーションが起こっている、と。

松本　国民の方とすると、自分たちの組織や自分たちの大会を権威付けるためには、皇族に出てきてもらった方がいいから、どんどん要請することになりますね。ある意味では国民に親しまれているということにもなるんでしょうけど、それは一種のタレントです。結果として公務が煩雑になってきている。

今の公務というのは、公務員がやらされている仕事を権威付けるために、公務員のトップとして皇族が引き出されているに過ぎません。役人のやりたいように使われているというかたちになっていると思うんですね。

――先生は以前から、公務は名前こそ「公」だけれども、実は「私」の雑務になっていると指摘されてますね。

「平成三年の宮沢内閣のときも、認証式は夜の九時すぎにズレこんだ。原因は、天皇と皇后が国際周産期学会（産科学会の分会）の開会式とレセプションに出席したためである。この学会の会長が美智子皇后の手術の執刀医で、紀子妃のお産の担当医でもあるという理由からだった。とすると、天皇・皇后は皇室の私事のために、最重要な国事行為を後まわしにしたのではないか、という批判がでて来る」（『産経新聞』一九九三年十二月五日）

松本　そうですね。それも多くは官僚の「私」なんですよ。昭和天皇は、公務として国事行為に専念されてきました。昭和天皇の場合には、かなりゆったりとした時間の持ち方ができたろうという気がするんです。外国にはほとんど出られなかったし、国事行為のほかに何か出ていくこともほとんどなかった。新年の挨拶とか国内巡幸、国体ぐらいのものです。それが新しい平成の天皇皇后になってから、東宮御所のなかに音楽ホールを造ったりするようになったんですね。すると、そこに出ていくのは、まったく皇族の「私」の行為なんだけれども、ある種、公務ともいえる状態にしてしまった。自分たちの生活のなかに公務を引き込んでしまったところがあります。

時間がどんどんそこに奪われていく結果になってしまったんですね。

——そういった「公」と「私」の混乱が、いわゆる「皇室バッシング」（一九九三年、『週刊文春』の皇室報道をきっかけに起きた皇室批判と皇室のプライバシー論争）につながったわけですね。

松本　ええ。ただ皇室バッシングから十一年経ってみて、天皇皇后両陛下も皇室の伝統に馴染んできました。

皇室というものは、本来「私」の権利や民主主義にのっとった形ではなく、むしろ日本の「公」である皇室の伝統を引き継いでいくものである。皇室というのは、「私」の生き方をするのではなくて、「私」を生きる国民をじっと見守っている、民族の全体を見守っている。そういう「公」の文化的役割が天皇制であるというように、伝統的なシステムとの折り合いを天皇皇后はつけてきたわけです。だから、天皇皇后両陛下も今回は、皇太子発言を違和感をもって受け止められたんだと思います。

――皇太子発言については、宮内庁も違和感を覚えているようですね。天皇皇后両陛下のご意向と、宮内庁の見解は同じなのでしょうか。

松本　宮内庁の場合は、一番大事なのは法律なんですね。役人の弊害というのは、法律主義、先例主義です。法律的な意味で、皇室のやり方はこういうふうに決められているとなると、役人はその決まりだけを守るというかたちになるんですね。これが皇室のなかで育ってきた、たとえば明治時代、大正時代まではずっといた女官とか侍従になると、その人たちにとって一番大切なのは法律じゃないわけです。御上の意思、天皇のお気持ちの方が大切になる。

国民が天皇に望む「無私」

――役人の法律主義も、ある意味、民主主義的な価値観ですよね。民主主義的な法律主義に対抗するために、皇太子殿下は「私」を主張せざるをえなかったということでしょうか。

松本　事実とすれば、そうです。ただ必ずしも「私」を主張する必要はないと思います。昭和天皇の場合には、「私」を主張されませんでした。法律はそうなってるかもしれないけれど、皇室の本来的なあり方として、あるいは民族の永続性の文化から考えたらこうじゃないかと行動されていた。それが帝王学の成果ですね。

――ちょっと矛盾した言い方になりますが、つまり、昭和天皇は「無私」を主張されていたと。

松本　そもそも天皇という存在自体が、「無私」なんですね。「私」を主張する国民――特に戦後はみんな「私」の権利を主張し、「私」の欲望を追求し、「私」の価値を守ろうとしてきたけれども、そういう国民からしてみたら、天皇だけは、みんなのことを考えてほしい。日本全体のことを考えてほしい。つまり、「公」的な存在であってほしいという民族的願望があるわけです。

――昭和天皇は、国民の望む「無私」としての存在を貫き通したわけですね。官僚主義や民主主義と同じ土俵には乗らなかった。ところが、今の天皇、皇太子は同じ土俵に乗ってしまっていると。

松本　ええ。そのことは、現在の憲法の問題にもあらわれていました。三島由紀夫さんが、今の憲法は矛盾している、ダブルスタンダードだという批判をしています。憲法第一条で、天皇の地位は「国民の総意に基づく」となっています。「国民の総意に基づく」というのは選挙をやっているわけではないけれども、言ってみれば民主主義的な規定です。国民主権の国家の、その国民の「総意に基づく」というかたちですから、民主主義的な原理によって定められているのが天皇の地位であるということになる。ところが、憲法第二条になると、「皇位は、世襲のものであって、国会の議決した皇室典範の定めるところにより、これを継承する」というふうに書かれている。その「世襲」というのは、つまり、産んだ子どもがそのまま跡を継いでいくということですから、これは民主主義原理でも何でもなくて、生物学的な原理です。

憲法はそういうダブルスタンダードになっている。これはおかしいと三島由紀夫さんが批判したんです。

ただ、わたしの考えでは、二千年以上続いてきた天皇制というシステムを、日本のなかで百三、四十年、西洋から見ても二百年の歴史しかない憲法によって規定しようということ自体が、やはり矛盾を含まざるをえないと思います。法律では規定しえない問題です。

西洋の民主主義国の場合には、コンスティテューション（＝constitution）と言ったら、これはまさに「憲法」と訳されるしかない。しかし概念上はむしろ「国体」という言葉に近いのです。戦前の日本では「国体は天皇制である」と考えられていましたから、明治憲法施行後は「憲法」と「天皇」の二つのコンスティテューションが並存することになったわけです。こうしたことからも日本の社会がダブルスタンダードたらざるをえないということが言えるわけです。

――そのダブルスタンダードを許容できるかどうかがカギになりそうですね。許容されなければ、皇室のあり方までが変質してしまいそうです。

松本　一時期喧伝されたのは、「開かれた皇室」です。けれど、「開かれた皇室」というのは、要するに民主主義体制というものを絶対化したうえで、主張されているんですね。

その弊害が、今回の妃殿下の問題になっているわけですし、将来的にはダイアナ妃のような問題にもなりかねない。近代の国家体制あるいは国民のあり方からすれば、国民主権、民主主義体制を追求していくことは当然であるけれども、しかし、伝統的な存在としてあるもの自体を、民主主義で規定する必要はないんです。その意味では、「開かれる」のではなくて、民族固有の伝統、神秘的な部分を、皇室にはずっと守り続けていってもらいたいと思います。そういう変わらないもの、あるいは変わらない価値観を守っていくシステムがあるから、日本民族は、次々に変わっていけるんです。

あそこに国民が安心できる機軸がある。変わらない価値がある。そういうものを守るシステムが、日本民族の安定感、平安につながっているというふうに思うんですね。

「私」の時間を持っていただきたい

――今後の皇室のあり方は、具体的にどうあるべきでしょうか。

松本　戦後民主主義のなかで育ってきている皇太子、皇太子妃殿下が、「私」の権利を主張したい、あるいは「私」の自由にさせてくれという要求が出てくるのは当然だと思うんです。これはやはり「時代の子」であるということですから、ある程度はその「私」の権利を保障していかないといけない。その意味で、まず公務を削るということになるでしょうね。これによって生じた時間を、自由に使っていただく。たとえば皇太子であれば歴史を研究するとか、皇太子妃であれば皇室外交にならない程度の国際交流の方法を考えるというようにです。

――ある程度は「私」の時間を持っていただくと。

松本　さらに、天皇、皇室の判断の領域を多くしていくことも必要でしょう。判断を大きくしていくと言っても、政治的な権力行使ではなくて、皇室内の問題ですね。誰の名前をどうするとか、誰を世継ぎにするとか、そういった問題については、皇室に判断をお任せする方がいいんじゃないでしょうか。

その判断は、間違ったものにはならないと思います。なぜなら、皇族はそのことだけを一生考え続けているわけですから。皇室をいかに残すべきか。皇室はいかに日本国民にとって善でありうるか。どのようにしたら、わが国が平和で豊かで安定した状態を保てるのか。一生考え続けている「公」です。

そういう意味では天皇、皇室は日本における「公」のベテランですよ。

――天皇、皇室のご判断を、国民の側が信頼できるかどうかですね。

松本　そこのところを、天皇のある一時期の能力だけで見てはいけないんですね。天皇という存在自体が日本民族の存続システムだと考えた方がいい。たとえば昭和天皇の場合、ものすごく頭のいい秩父宮に対して、一時期、劣等感を抱いているような時代があったわけですよ。秩父宮は頭も切れるし、知識も豊富だし、人間関係も自由に持てた。しかし、その結果としてどうなったかと言ったら、軍人とのつきあいが多くなって、秩父宮は日独伊の三国枢軸を推進する方にまわってしまった。一方、昭和天皇は親英米でした。その時点では、どっちが正しいかはわからない。けれども、長い目で見ると、あの時に戦前は国家元首であった昭和天皇の「日独伊の三国枢軸同盟は間違いである」という考えの方が政治的に正しかったわけです。天皇というのは要するに、日本としてどう生き残るべきか、日本民族としてどうあるべきかということにずっと精力を使っていたんですね。

秩父宮はそうではありませんでした。軍人は今、何を考えているか、どうしたら日本国は強い国になれるかというところに頭がいっていた。天皇という地位においては、頭がいいことだけが必要条件ではない。逆に頭が一時期いいということは、長い目で見ると、判断を間違うことにもなりかねないんです。政治的な判断というのは、内閣でも外交官でも間違います。ですから、政府や宮内庁が「天皇皇后は中国に行ってください」と判断した通りにすると、間違える可能性が出てくるわけですね。

――皇室外交の危険性ですね。

松本 権力とは切れているはずの天皇が権力とタイアップするかたちでの行動になってしまいます。

これは国際政治学者のモーゲンソーの言葉ですが、「外交とは国際的な権力闘争である」のです。そういう権力闘争の場に、皇室という非政治的な文化の永続性を象徴するような存在が出ていくということは、大いに政治的な過ちを犯す可能性がある。

だから、ロイヤル外交はするなというのが私の考え方なんです。

――ただ、皇太子妃には、キャリアを活かしてロイヤル外交をしたいというご意向もあるようです。皇太子殿下もこう発言しています。「外国訪問もできなかったということなども含めてですね、そのことで雅子もそうですけれど、私もとても悩んだ」(二〇〇四年五月十日。皇太子殿下記者会見)

松本 ヨーロッパの場合には、ロイヤルファミリーがいろんなところ――たとえばデンマーク、オランダ、スウェーデン、イギリス、スペイン――にいて、昔はみなハプスブルク家から出てるというように、みんな過去の出自は同じなんですね。親戚同士みたいなものです。だから、場合によってはお嫁さんだって近隣の国からもらえる。親戚同士のつきあいですから、常にロイヤル外交をやってないといけない地域なわけです。日本がそのヨーロッパの王室の輪に加わっていくことは無理があります。全然由来が違いますから。

――日本の皇室とヨーロッパの王室とでは、さまざまな相違点がありそうですね。

松本　現在のヨーロッパの王室というのは、かつてのように権力や財力をもって国民を支配することはしなくなったとされていますけれども、実際には、王子がみんな海軍少佐になったりするわけで、かなり軍事とか政治、財政のところにも加わっています。日本も明治体制下では、それを真似しました。

その結果、一時期、天皇が統帥権を持ちましたけれど、わずか五十年間だけのことです。皇室は軍隊を持っていない。財政権も持ってない。日本ではまさに権威的な存在であるということですね。

――成り立ちから考えても、日本の皇室は本来的に非政治的な存在だったと。

松本　言ってみれば、この世の中はかくあるという枠組みを定めるのが天皇です。たとえば昭和という御代、これが時間を支配する。元号というのはそういう意味なんですね。

天皇というのはもともと「聖《ひじり》」と言われました。「聖」とは「日を知る」ですから、「時を知る」ということです。つまり、時間という永続性を天皇が受け継いで支配するということです。だから地震が起きたり、何か悪いことが起きると、元号が新しくなった。要するに、そういう時間を創りましたというフィクションによって、世の中をまとめているという形をとったわけです。そういう文化的役割はこれからも必要だと思います。

――「聖」「無私」という本来の皇室のあり方を、国民の側も、もっと理解しないといけないですね。

松本　今は皇室が外交に引き込まれすぎです。たとえば「昨日天皇に会ったら、貴国と仲良くしたいので、よろしくと言われました」と日本の内閣に圧力をかけてODAを持っていく国だってあるわけですよ。皇室が政治や、外交に利用されないためにも、京都にお戻りになったほうがいいかもしれません。

江戸時代の終わる頃、つまり日本の非常事態の時に、皇室は京都から東京に出てきました。これは要するに、天皇を中心として早急に国民国家を作らなければ、外国の国民軍に負けて植民地とされてしまう、西洋風の国民国家のパワーポリティクスに負けてしまうという危機感からでした。そうして天皇は東京に出てきて、江戸城という武家政権の要塞に入ったわけですね。京都の御所は要塞でも何でもないです。飛び越えようと思えば誰でも飛び越えられる。壊そうと思えば壊せる土塀です。はしごをちょっとかければ乗り越えられる。御所のなかに金銀財宝があるわけではない。権力ではない。

要するに、天皇制というのは、日本という文化の永続性の象徴であるということですね。日本民族の一種のローカルな美意識なんです。その美意識というのは、単にきらびやかなことではありません。あそこに普遍的なものがある、いちばん変わらないものがあるというフィクションですね。
たとえば、昭和天皇に会った人は、そこに日本という、つつましい、そして変わらない生き方があると感じ、われわれ民族はあのような生活を理想としなくてはならない。そういう日本人の美意識の象徴として国民がつくったのが天皇なんです。

女系天皇も容認すべき秋《とき》

皇室典範「男系の男子」は伝統か

小泉首相（当時）の私的諮問機関である「皇室典範に関する有識者会議」が、二〇〇五年十一月二十四日、「女帝」を容認する旨の答申を出した。より正確にいえば、「女性・女系」天皇を容認するための皇室典範改正案を首相に提出したのである。

これに対して、自民党内および党外の政治家、ならびに保守派といわれる文化人たちから、「男系で続いてきた皇室の伝統を変えるな」という強い反対論が起こり、じわじわと広がりつつある。

この保守派の人びとが理論的根拠にしているのが、皇室典範の第一条、「皇位は、皇統に属する男系の男子が、これを継承する」（傍点引用者）という条文にほかならない。

ついでながらいうと、この皇室典範は戦後、昭和二十二年五月三日、日本国憲法とともに施行されたもの（昭和二十四年改正）で、その意味では占領下の制定である。それでも、この皇室典範が「皇室の伝統」の根拠にされたのは、その皇位継承に関わる第一条が明治二十二年二月十一日、大日本帝国憲法とともに制定された旧皇室典範の第一条とほぼ同じ内容だからだろう。

その旧第一条を引いてみると、次のようである。

「大日本国皇位ハ祖宗ノ皇統ニシテ男系ノ男子之ヲ継承ス」（傍点引用者）

つまり、皇室典範の皇位継承に関わる第一条は、明治以来ずっと「男系の男子」に限定されてきた、といっていいのである。

そこでマスコミは、皇室典範どおりの「男系の男子」の皇位継承が伝統であると主張している保守派の人びとを「伝統派」と名づけている。これに対して、皇室典範の改正によって「女帝」に道を開こうとしている人びとを「改革派」とよんでいる。

たとえば、二〇〇六年一月十一日付の『毎日新聞』は、女性・女系天皇を容認する「有識者会議」を中心とした人びとを「改革派」とよんだうえで、その「改革派」のなかにも「長子優先」（「有識者会議報告書」）と、「男子優先」（有識者の一部）の二つの立場がある、という分類をおこなっている。

わたしなどは皇位継承者には帝王学を施す必要性を考えるから、その意味では、この「長子優先」

派ということになろうか。

一方、「男系維持」の「伝統派」も、天皇は男性でなければならないという立場に固執しているわけではない。「女性に継承者拡大」は容認しているのである。これは、現在の皇太子ご夫妻の長女敬宮愛子《としのみやあいこ》さま、つまり男系の女性天皇だけは認めるしかない、と考えているからであろう。

そうだとするなら、この「伝統派」も男系は維持するけれども、女性天皇を容認するためには、皇室典範を改正しなければならないわけだから、皇室典範の改正に絶対反対というわけではないのだろう。ただ、一年ていどの「有識者会議」の議論で、皇室典範を改正するのは（それも女性天皇のみならず女系天皇を容認するのは）拙速にすぎる、というのである。

この「伝統派」の意見には、きくべきものがある。そもそもこの「皇室典範に関する有識者会議」には、その作られかたに疑問の声があがっていた。人選や、ロボット工学を専門にする座長の決め方のみならず、その基礎的な作業にあたったと思われる古川貞次郎氏が、小泉首相（当時）の「女帝容認」という当初からの考えに合わせて作ったものではないか、ということである。しかし、私にはこのような噂の真偽はどうだっていい。

もっとも、この「有識者会議」（の座長）が、皇室典範の改正にあたっては、「私たちは歴史観や国家観で改正案を作ったのではない」とのべているのには、呆然とせざるをえなかった。

では、「有識者会議」が何を基準に改正案を作ったのか、というと、第一に、国民の理解、第二に、伝統をふまえる、第三に、皇室制度の安定だった、というのである。

これは、改正基準の順序が逆ではないか、とおもわれるが、いずれにしても、その皇室制度の安定をまず第一に考えるとすれば、歴史観や国家観によらない皇室制度というのはありえないはずである。

にもかかわらず、まず第一に国民の理解をあげ、しかもその国民は六割から八割——各マスコミの統計によって異なる——が、女帝つまり敬宮愛子さまの天皇即位に好意的であることを考えれば、「男系の男子」という〝伝統〟は変更していかざるを得ないだろう。これが、小泉首相（当時）ならびに「有識者会議」の結論なのだろう。

しかし、この、小泉首相（当時）ならびに「有識者会議」の考え、および男系にこだわる「伝統派」の人びとの考えの根底にある皇室典範というのは、ほんとうに〝伝統〟なのであろうか。皇室典範というのは、たかだか「この百年程度の伝統」、いわば近年の慣習にすぎないのではないか。それは本当に伝統と呼べるのだろうか。皇室の伝統とは、ひとえに皇室を存続させるためのものであって、「男系の男子」という皇室典範を守るためのものではないだろう。

だいいち、明治の皇室典範以前に「男系の男子」が皇位を継承するという伝統があるのかどうか。私たちはまず、そのことから考えてみなければならない。

男、女、という観念を超えて

天皇制に、「男系の男子」という皇位継承法の慣習が作られたのは、明治になってからである。

天皇が男であるか、女であるか、という意識が生まれたのは、西洋の皇帝制度をふまえた近代天皇制になってからのことだ。それ以前は、というより日本には原理的に、天皇を男とするか女とするか、という発想がなかった。

天皇は、太陽神としての天照大神の地上的顕われ、というのが、本来的な位置づけである。これは男であるか女であるか、ということとはあまり関係がない。あえて性に拘泥するなら、天照大神は女性神ということになる。ここですでに、天照大神の末である天皇が「男系の男子」でなければならない、という伝統原理は成立しないことになる。

持統天皇をはじめとする歴代の女性天皇は、宮中祭祀をおこなってきた。そうだとすれば、宮中祭祀には女性が携われないものがあると主張して女性天皇を拒む論理は、その宮中祭祀こそが新しい（多くは明治以後の）もの、つまり伝統ではないのだから変更すればよい、ということになるだろう。

宮中祭祀をはじめとして皇室の伝統といわれるものの多くは、明治以後の天皇制のなかで作られたものが多い。天皇号でさえ、近代天皇制の端緒ともいえる第一一九代光格天皇（明治天皇の曽祖父）の時代に、九百年ぶりに復活したものであった。古代から九百年間は、「何々院」とよばれていたのである。後醍醐天皇だって、大正時代までは後醍醐院という院号で呼ばれていた。

この光格天皇は、後桃園天皇に男子がいなかったので、二代前に作られた閑院宮家という傍系の宮家から、いわば養子となって皇位を継承したのである。閑院宮家は、皇統の断絶を危惧した新井白石の建議にもとづき、将軍家宣《いえのぶ》の上奏によって一七一〇年（宝永七）に創設されたもので、東山天皇の皇太子直仁《なおひと》親王にはじまる。とすると、この新井白石の建議がなければ、江戸中期にも皇室断絶の危機が現実となっていたわけである。

そして、光格天皇が長らく絶えていた皇室のしきたりや行事の数多くを復活させ、天皇の権威をとりもどしたのである。皇室の歴史のなかでも、〝聖天子〟として別格扱いされるゆえんである。この別格扱いは、院が亡くなったさい光格天皇という諡号《しごう》を贈りたいと公家連中が全員賛成し、幕府に諮問して天皇号が九百年ぶりに復活したのである（このとき、次のような連歌が作られた。「天皇の号が今度世に出て　はっと驚く江戸も京都も」）。

徳川幕府の官学が儒学＝朱子学となったことと、皇室の地位の低下とは、微妙な関係をもっていた。それに、儒学というのは男尊女卑が徹底していたから、天照大神が女性神であるという神道・国学的文化は顧みられることがなかった。

それゆえ、国学的な道統につながる保田與重郎の、次のような主張が必然性をもって出てくるわけだ（「道成寺考」、昭和十六年刊『民族と文芸』所収）。

徳川時代の儒学者の間には、天照大神が女神にましたことを否定し、男神であることを主張した者があつた。これは儒教を主旨とした倫理観からさういふ理窟になるのであるが、天照皇太神が女神にましますのは疑ひないことで、我々の遠御祖たちは、さうした女神が高天原の中心として宇宙を主宰遊ばしたことを深く信じてゐたのである。たゞ大神に配する男神といふのがない、いはゞひとりがみであらせられた。この清浄な神秘からいへば、女神といふときの女を、男に対する女、女に対する男といふ、今の人の性を考へる形で考へてはものを間違ふもととなる。儒教の人たちが、ひとりがみとしての女神の意味を理解し難かつたわけは、そこにあつた。

儒学のみならず仏教も、いわゆる男尊女卑思想に立っている。これは、わが国の男女対等（一対）の伝統思想と大きくへだたっている。しかも、神道・国学で女神というときの本来の意味は、「男に対する女、女に対する男といふ、いまの人の性を考へる形で考へ」てはならない、と保田はいうのだ。

そのとおりだとすれば、肉身においては女性であっても、皇位を継承されて天皇となった場合は、生物学的に男であるか女であるか、という観念を超えた存在となるはずである。近代の生物学でいえば、男と女が合体して子が生まれるわけだが、皇位が継承されるということはその男と女が合体して子が生まれるという次元のことではない。それをいま、天皇は「男系の男子」などと、なぜこだわるのだろう。

それは、近代の生物学の発想によって明治の皇室典範が「大日本国皇位ハ祖宗ノ皇統ニシテ男系ノ男子之ヲ継承ス」（傍点引用者）と規定し、そうして戦後の皇室典範が「皇位は、皇統に属する男系の男子が、これを継承する」と規定したところに、大いなる近代主義的錯誤が生ずるわけだ。

要するに、天皇制に「男系の男子」という皇位継承の慣習が作られたのは、江戸期の儒学と仏教の男尊女卑思想とは別に、近代西洋文明のうえに立った皇帝制度の男性本位主義を模倣した結果にすぎない。日本の天皇概念は、そういった、「男に対する女、女に対する男といふ、いまの人の性を考へる」のと、まったく別の思考に立っていたのである。

わたしが「天皇と日本社会」と題した、中根千枝氏（東大名誉教授・社会人類学）、岩井克己氏（朝日新聞編集委員・皇室担当）との鼎談（『論座』二〇〇四年九月号）において次のように語ったのは、そのような天皇概念をふまえてのことであった。

　これは女帝の問題にかかわりますけれども、本来的に言うと、私には天皇に性があるとは考えられないんです。「天皇機関説」ですからね。天皇は国家運営のための機関であり、国民を守っていくための祈りの機関であると考えますから、それを男だ女だということ自体おかしいと思います。（中略）むしろ明治の皇室典範からですね、『男系の男子』という決め方をしたのは。男にこだわった皇室典範の規定自体がおかしいと思うんです。

「男にこだわった皇室典範の規定自体がおかしい」と考えるなら、それを改めてゆくのが自然である。わたしは今回の「皇室典範に関する有識者会議」の人選のしかたや、その議論や時間のとり方にいささか疑問をいだくが、それでも皇室典範の改正それ自体については同意するのである。

「天皇＝国家」の明治国家フィクション

日本における神（カミ）の観念や、天皇の概念が、「男と女」というときの〈対〉概念を超えていたとすれば、皇位継承を生物学的概念の「男」で促えて「遺伝子の継承」を唱える保守派の渡部昇一氏や八木秀次氏の主張は、根底から意味をなさないだろう。なぜなら、天皇制の「万世一系」や「皇統連綿」というのは、近代の天皇制イデオロギーが作った国家原理、とどのつまりフィクションだからである。

さきの鼎談で、わたしは次のように話した。中根千枝氏の「万世一系」は「血のつながり」だ、という発言をうけての発言である。

　血がつながっているということになれば、権力によって奪い取れるものじゃないわけですからね。（中略）血がつながっているというのも実際にはフィクションですけどね。南朝北朝の問題もありますし、途中でそうでなくなってる。それを「血がつながっている」と言うのは、そういう「国家フィクション」です。

わたしはここで、天皇制は近代日本の「国家フィクション」だからいけない、などといっているわけではない。国家というものは、その神話までをふくめて、大なり小なりフィクション（仮構）によって成り立っているのである。

たしかに、明治国家は本来、国民＝国家のフィクションによって構築されるべきだった（そのなかでは、天皇は国家運営のための「機関」となる）のに、天皇＝国家のフィクションとして出来上がってしまった。そのことにより、国民にとって苛烈な縛りをもつ構造となったのである。

しかし、日本のように時間をかけて「文化的な国家」――マイネッケのいう「カルチャー・ネーション」――として形成されてきた国家にあっては、その「国家フィクション」は天皇制をふくめた民族の共同幻想と大きく重なっている。一方、アメリカやシンガポールやインドネシアのように「法・制度的な国家」（マイネッケのいう「ステイツ・ネーション」）として構築された国家にあっては、ある一定の理念＝イデー）が「国家フィクション」の大きな部分を占めることになるだろう。福沢諭吉が「瘠我慢の説」でいう「立国は私なり、公にあらざるなり」の、その「私」の理念が「国家フィクション」の中核に位置するわけだ（アメリカの場合は、「自由と民主主義」がその理念である）。

それはともかく、私が右の発言で問題にしている「南朝北朝の問題」というのは、正確には「南北朝正閏《せいじゅん》問題」として明治末年に大きくとりあげられた事件を指している。一三三六（延元一・建武三）年、後醍醐天皇が神器を奉じて大和の吉野に遷《うつ》り（北朝に逐われて）、一三九二（元中九・明徳三）年に後亀山天皇が京都に帰るまでの南北朝対立の五十七年間をどう評価するか、南北朝のどちらが正統か、という問題である。

この問題に結着をつけたのは、明治天皇である。北朝系を継ぐ明治天皇が、明治四十四（一九一一）年に、後醍醐天皇以下四代の南朝を正統と認めたからである。

そういった皇位の正統性の問題とは別に、第二十六代継体天皇（？―五三一）の問題もある。いったい継体天皇というのは、ほんとうに皇室の血を引いていたのかどうか。継体天皇は、応神天皇（第十五代）五世孫の系譜をもっていると伝えられているが、その「継体」という奇妙な名前からして、天皇家を継ぐための存在として越前福井から探し出された、といわれる。

第二十五代の武烈天皇が崩御したあと、大伴金村によって発見され、河内楠葉《くすば》で即位し、武烈の妹手白香皇女《たしらかのひめみこ》を皇后としている。それに、継体は即位から二十年間は大和の地に入らず、二十年目になってはじめて磐余玉穂宮《いわれたまほのみや》に都したのである。

継体天皇が崩御したあとには、皇后の子である欽明天皇（第二十九代）と、その異母兄安閑天皇（第二十七代）、宣化天皇（第二十八代）との間に深刻な対立が起きている。これは、欽明天皇が武烈天皇の血を母親から受け継いでいるのに、安閑・宣化天皇は武烈天皇の血を引いておらず、もし継体天皇が応神天皇との血の関わりがなかった場合、継体・安閑・宣化の三代は皇室を継ぎ存続させるためにだけ必要とされた、いわば〝ピンチランナー〟だったことになるからだろう。

「万世一系」神話と「男系の男子」

こういった継体天皇（安閑・宣化）の存在を考えてみても、天皇の「万世一系」「皇統連綿」といった言葉には、数多くのフィクショナルな要素が潜んでいる。ただ、それは、かつての王朝内部の正統性の問題にすぎない。そこで、『国体論及び純正社会主義』（明治二十九年刊）の北一輝のように、明治憲法の天皇からは「万世一系」や「皇統連綿」といった形容を外せ、という主張がでてくるわけだ。

……憲法第一条の「大日本帝国ハ万世一系ノ天皇之ヲ統治ス」とある「万世一系」の文字は皇室典範の皇位継承法に譲りて棄却して考へて可なりと云ふことなり。何となれば、仮令《たとい》万世一系とは直系ならずして無数の傍系より傍系の間を上下縦横せる歴史上の事実なりとも、又万世一系の天皇悉《ことごと》く全日本国の上に統治者として継続せざりし歴史上の事実なりとも、現天皇（明治天皇――引用者注）以後の天皇が国家の最も重大なる機関に就くべき権利は現憲法によりて大日本帝国の明らかに維持する所なるを以てなり。

北がここでいっているのは、――天皇家は現在まで「無数の傍系」や「傍系の間を上下縦横」に組み合わせて、辛うじて維持されてきたのである。また天皇が日本全土を「統治者」として支配してきた歴史もない。それゆえ、憲法第一条で、「大日本帝国ハ万世一系ノ天皇之ヲ統治ス」などと謳う必要はない。万世一系というのは皇室内部の物語（神話）としておけばいいのだ。明治国家の国家原理である憲法としては、「大日本帝国ハ天皇之ヲ統治ス」と謳えばいいのである。明治の「維新革命」以後の国家が、天皇という国家統治の「機関」を戴くようになったのだ、と。

北によれば、天皇が日本全体の統治の「機関」となったのは、明治になってからである。だから、もし「万世一系」の天皇云々というなら、それは明治天皇をもってはじまる国家のフィクションにほかならない。いわく、

……「天皇」と云ふとも時代の進化によりて其の内容を進化せしめ、万世の長き間に於て未だ嘗《かつ》て現天皇（明治天皇——引用者注）の如き意義なく、従て憲法の所謂《いはゆる》「万世一系の天皇」とは現天皇を以《もっ》て始めとし、現天皇より以後の直系或《あるい》は傍系を以て皇位を万世に伝ふべしと云ふ将来の規定に属す

もちろん、こういった北の解釈による「国家フィクション」と、明治憲法および教育勅語を作成した井上毅のもくろんだ「国家フィクション」とは、別ものだった。井上毅の作成した「国家フィクション」は、「万世一系ノ天皇之ヲ統治ス」なのである。そこの違いにふれながら、さきの「天皇と日本社会」の鼎談におけるわたしの意見は、次のように展開されていた。

岩井　ただ、明治から見ると、「過去の歴史をさかのぼると現実にずっとそう（「男系の男子」の「万世一系」に――引用者注）なっているではないか」というのが井上毅だと思うんです。

松本　そんなことは、全然ないですよ。明治国家、あるいは井上毅が、キリスト教的な「天にましますわれらが父よ」というシステムをそのまま日本の皇帝に結びつけるという形をとったわけですね。われわれ日本人にとっては、「天にましますわれらが父よ」じゃなくて、むしろ「母なる神」が多い。

中根　そうそう。

松本　そういうのが文化的にも親しいわけですから、その意味で言うと、明治のところででてきた「男でなければいけない」とか、「神は男である」というのは……。

中根　おかしいわよね。

松本　国民のことは「赤子《せきし》」と言ってるわけですから、国民が赤子ということは、天皇はお母さんなんですよ。（下略）

この会話を読んでもらえば、わたしが男女同権の思想や男女共同参画社会というような考えから、「男系の男子」という皇位継承法に異を唱えているのでないことは明らかだろう。わたしの考えでは、日本文化からすれば天皇は女性格なのであって、明治国家が西洋の皇帝制に対抗するために、強張《こわば》った「万世一系」神話を作りあげ、「男系の男子」という皇室典範を作成したのである。

女系天皇も容認すべき秋

「万世一系」神話が明治になって作られたフィクションであるように、「男系の男子」という皇位継承法は明治になって作られたイデオロギー的な〝伝統〟にほかならない。そうだとすれば、「男系の男子」という〝伝統〟を守れと主張している保守派は、明治になって作られた伝統、じつは新しい慣習に固執しているだけのことである。わたしにいわせれば、「男系の男子」という明治以後の〝伝統〟に固執することが大切なのか、それとも皇室を存続させてきた日本文化の伝統が大事なのか、である。

その肝心なことを忘失して、稲田朋美氏（衆議院議員・弁護士）のように「『男系維持の伝統』は圧倒的に美しい」（『産経新聞』二〇〇六年一月七日付）と主張したところで、その美しさを守るがゆえに皇室が滅びてしまうなら、それは問題の本質を見失った議論というべきだろう。ましてや、本来はフィクションである「万世一系」の「男系の男子」という皇位継承法を、生物学的な「遺伝子の継承」によって正当化しようとすれば、それは〝歴史は科学的事実である〟と主張する唯物史観の学者たちから、それでは神武天皇いらいの天皇御陵をひらいてＤＮＡ鑑定してみようではないか、と逆手にとられるだけである。

この「遺伝子の継承」を皇位継承の正当な理由にあげる一部の「伝統派」は、最近では男系の「Ｙ染色体」説さえ強調するようになっている。わたしたちが中学・高校で学ぶ、性染色体のＸＸの組合せが女性であり、XYの組合せが男性である、というやつだ。

これを「遺伝子の継承」に当てはめて、「父親のもつY染色体はそのままの形で男児に継承される」、だから皇位は「男系の男子」でなければならない、というのである。すなわち、Y染色体の継承こそが「皇室の男系維持の伝統」である、と。

翻っていうと、女子の保有する性染色体Xは、直系ではあっても「天皇位とその血とは無縁である」というのである。

このような生物学的「遺伝子の継承」説は、日本の文化（民族の生きるかたち）が天皇制と関わっていることと、まったく無縁である。遺伝子がどうあれ、日本の文化（民族の生きるかたち）が皇室を必要としないというのであれば、そこで皇室は終わりである。しかし、日本民族がその生きるかたちとして皇室を守っていきたいと考えるなら、天皇位が男系の女性天皇になるのであれ、女系の天皇になるのであれ、関係ないのである。

これは、「皇室典範に関する有識者会議」が「私たちは歴史観や国家観で改正案を作ったのではない」と主張するのと、逆の立場によっている。つまりわたしは、わが民族の歴史観や国家観を考えて、そのうえで天皇はわが民族の「神輿」である、それゆえに国民がかつぐ形のままにかつがれる、たとえ「女系天皇」であっても国民が皇室があったほうがいいと考える限りにおいて存続が図られるのであるといっているのだ。

もう随分と前のことになるが、わたしは昭和天皇が心臓のバイパス手術をして健康体に戻られたとき、「天皇はいわば神輿である」として、次のように書いた（『エコノミスト』一九八七年十月十三日号「巻頭言」）。

天皇制を批判する論理として、もっとも有効なものの一つが、『孟子』にある〝民を貴しとなし、社稷《しゃしょく》之に次《つ》ぎ、君を軽しとなす〟であろう。こんにち、民衆は〝私〟のために働き、政治家は〝権力〟を手にいれることに狂奔している。『孟子』の思想を純粋なかたちで体現しているのは、むしろ無私なる天皇かもしれない。これが、現代日本において幸福と不幸が背中合わせにある所以だろう。（中略）

天皇はいわば神輿である。民族がかついでゆくままにかつがれる。戦前のファシズム体制下にあっては神聖天皇として、戦後の民主主義体制下にあっては象徴天皇として存在する。（下略）

もちろん、昭和天皇が「無私なる天皇」であろうとするために幾多の努力をなされたことも、わたしたちは知っている。その努力は、たとえば戦前のファシズム体制下にあっては「現神《あきつかみ》などといわれては迷惑だ」と抵抗し、戦後の民主主義体制下にあっては「民主主義というものは決して（アメリカからの）輸入のものではない」という抵抗のかたちでなされた。しかし、そうであるにしても、昭和天皇も究極において、その時どきに民族がかついでゆくままにかつがれたのである。

いま、三笠宮寛仁殿下をはじめとする伝統派の人びとは、「男系で続いてきた皇室の伝統を変えるな」と声高に主張している。しかし、側室制度が廃《すた》れた現在にあっては、男系の皇統はいずれ絶える危機にある。一人の皇后が歴代、男子を産みつづけることは、現実的な想定として考えにくいからだ。それに今日、旧宮家を復活させることは、到底、国民の支持するところではない。

そうだとすれば、日本民族が皇室を存続させる意思をもつ限りにおいて、女系もまた天皇である、と容認しなければならない。国民がそのように「神輿」をかつぐ判断をすべき秋《とき》なのである。

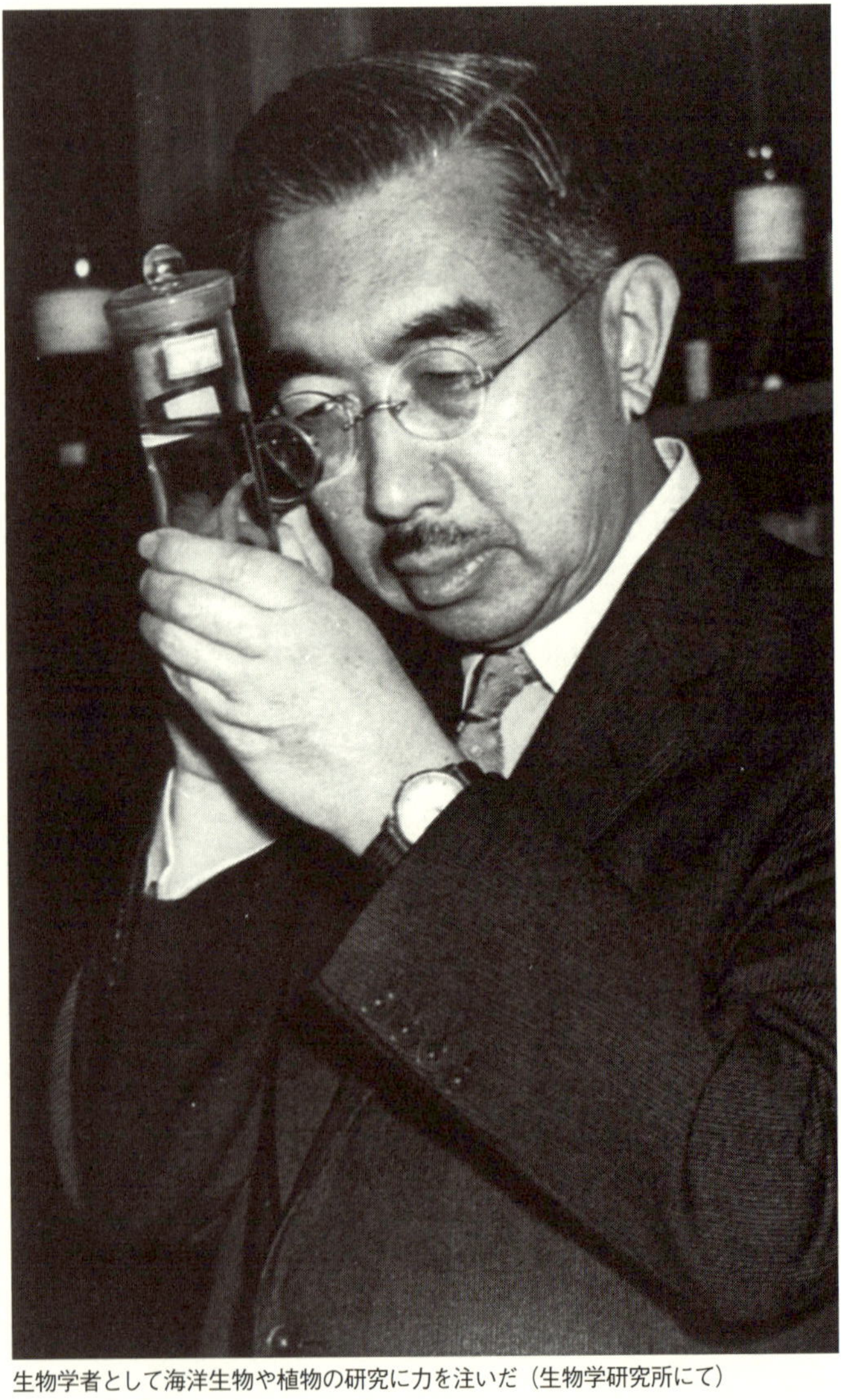

生物学者として海洋生物や植物の研究に力を注いだ（生物学研究所にて）

第五章

日本文化と天皇の政治

政治の彼方の虹

八丈島での出来事

日本人の政治に対する概念には、近代の欧米人によってつくられた「決断＝責任」といった捉えかたや、「友敵」理論といった考え方を、大きく逸脱したところがあるようにおもわれる。

それを、日本には近代政治が根づいていないと批判してきたのが近代日本の政治学であったが、この政治学の前提となっている政治的概念それじたいが近代の欧米人によってつくられたものであってみれば、この批判はみずからの政治理論が日本の政治的現実に適合しない、と告白しているようなものであったろう。

たとえば、昭和から平成へと元号が変わって二週間ほど後、八丈島で町長選挙が行なわれた。ここで現われたことをみれば、政治学者は、こんなものは人気投票であって、政治ではない、と一言のもとに否定するにちがいない。

八丈島の町長選それじたいについては、マスコミが騒ぎたてたため、割りとよく知られているだろう。マスコミが騒ぎたてた理由は、ここに現町長の対立候補として立候補したのが、二十年ほど前、「愛するってこわい」でデビューした〝じゅんとネネ〟のネネ（高橋早苗）であったことである。ちょっとレズっぽい雰囲気を売り物にしたグループで、ネネは女役。いつもネグリジェのような衣裳をつけていた。

その元アイドル歌手が、無競争で四選をはたすとみられていた奥山・現町長（当時）に、突然一騎打ちを挑んだのである。奥山といえば、八丈島の姓の五分の一ぐらいがたしかこの姓であった（と、二十年ほどまえ二度ほど島に訪れたわたしは記憶している）から、島にとっては名門も名門。その対立候補として、一年半前に東京から移住したばかりの三十八歳の元歌手の女性が、「自然保護」を訴えて名乗りをあげたのである。

元アイドル歌手というだけでも格好の話題材料であるのに、そこに「自然保護」という今日の良識が看板として付くのである。マスコミとすれば、単なる芸能ネタでなく、これを良識的立場から取り上げる錦の御旗をもらったようなものであった。それゆえ、テレビから新聞、週刊誌までが競って報道したのである。

かの女は準備らしい準備、いわゆる選挙運動らしい運動もあまりしなかった。それでも、当選した奥山町長の四一二八票に対して、一二二四票を獲得した。マスコミは「政治のド素人」にしては「善戦」とよび、「さわやか」と評した。そして、それで終わりである。

だが、この元アイドル歌手の政治についての考え方と、かの女に投票した人びとの政治意識とには、きわめて重要な問題が含まれていたように、わたしはおもうのだ。それは、たんに、「自然保護」という政治的（?）スローガンに関わるものではない。

八丈島の島民は約一万人であるが、かの女は町長選への立候補のあと、その一万人の心を受けとめることが「町長」の役割である、というふうに考えたらしいのだ。かの女は今年（一九八九年）の手帳の第一ページ目に「八丈島町長のこころえ」と題して、次のように書いているという。

一万人の人々の
心を抱きとめて
いつくしむこと

人々の心を
繁栄につなげる意識へと
導くこと

わたしなどはこれを読むと、元アイドル歌手のなかにどのような思想の遍歴があったのか、と思想史家として考えたくなってしまう。だが、よく考えてみると、これは何かによって形成された政治思想というより、日本人が心の奥底、つまりエトス（生活的な感情）のレベルで抱いている政治というものに対する普遍的な考え方を表現したものなのではないか。

「一万人の（ということはそこに生きている人すべて、とどのつまり万民の）、心を抱きとめて、いつくしむこと」。これは、日本人が政治に本来そうあってほしいと望む、究極の政治的なエトスであろう。

わたしはこれを読んで、一人の女性がその言葉＝思想となり終わっていない日本人の政治的なエトスを、よく言葉として表現しえたなあ、という驚きを覚える。そして、その「人々の心を、繁栄につなげ」ようとする彼女の姿勢は、すぐれて政治思想家的な志向をもった政治家のもの、といってもよいものである。

政治学者およびマスコミは、この女性のことを「政治のド素人」とよび、それゆえに「さわやか」と評したのであるが、わたしのみるところでは、かの女こそ、欧米の議会制度の移植のもとでは直接に発現しなくなった日本人の政治というものに対する伝統的なエトスを抱きつづけていたような気がするのだ。

それは、繰り返していうと、政治とは本来、すべての人（＝民衆）の心を抱きとめて、いつくしむことにほかならない、ということだ。

そして、かの女に投票した人の多くは、かの女の実務能力に期待したり、町おこしの可能性に賭けたのではなく、政治とは本来そのようにあるべきだ、とかの女の政治姿勢から感じとったのではないか。

共感共苦の精神

こういった政治家と民衆との関係は、子をいつくしむ母とその母に敬虔さ（ピエテート）を以て従う子との関係に似ている。この「敬虔さ（ピエテート）」というのは、ひとつの家を家族の「共同態」として維持してゆく意識と、その社会関係のもとに生みだされる精神（エトス）といってよい。保護者と被保護者との間に生じる感情である。これは、個人的な独立＝決断を重んじる近代の自我意識と、明らかに背反する側面をもっている。

そして、日本における天皇と国民との関係は、明治以後、家族制国家とでもいった形態をとったこともあるが、そういった制度以上に、農耕社会のつねとして、この母と子の関係に模されるものであった（天皇の「赤子」としての国民！）。八丈島の女性町長候補者は、つづめていえば「民の心を抱きとめて、いつくしむこと」を政治のモットーとしたが、それはほかならぬ、天皇の理想とする政治であった。

とくに、政治的な権力から切れた戦後の天皇にとって、その意識が強かった。戦前には制度的に政治権力を掌握しているということもあり、また年齢的な若さもあって、昭和の天皇は権力者として上から民衆を支配し救済しよう、という思いが強かったようにおもわれる。しかし、戦後の政治的な権力から切れた形態になって、天皇は「民の心を抱きとめて、いつくしむ」ことこそが天皇政治の本質である、というふうに思い、また努めてそのように振舞おうとした。

昭和二十二年

ああ広島平和の鐘も鳴りはじめ

たちなほる見えてうれしかりけり

昭和二十四年

庭のおもにつもるゆきみてさむからむ
　人をいとどもおもふけさかな

かくのごと荒野が原に鋤をとる
　引揚びとをわれはわすれじ

昭和四十一年

日日のこのわがゆく道を正さむと
　かくれたる人の声をもとむる

これらの歌に示された天皇政治の本質を、昨今流行のパフォーマンス（振舞い）というふうな言葉で、批判的に形容してもよいだろう。それらは、天皇の「民の心を抱きとめて、いつくしむ」というパフォーマンスなのではないか、と。

実に、しかり。それは批判ではない。天皇というのは、民を支配する王権ではなくて、民衆のすべての存在、すべての生起したことを見、そしてそれらを受けとめるパフォーマンスの人であるという、むしろ容認なのである。

けれど、翻っていうと、日本国中探して、このようなパフォーマンスをあえてなしうる人が、他に、そしてどこにいるか。そのパフォーマンスは、日本人が政治というものは本来「すべての民の心を抱きとめて、いつくしむ」ものであってほしい、と希うエトスを引き受けてなされたものであった。

むろん、こういった母と子との関係になぞらえられるような保護—被保護のもとに行なわれる天皇政治は、近代政治学の体系からいえば、宗政一致にちかいものとして否定の対象になるにちがいない。近代の文明は、「決断」によって独立する個人に価値を認めることを「原理」とする。これに対して、天皇政治はドストエフスキーが『白痴』のなかでムイシュキン公爵にいわせている、

おそらく共感共苦が全人類唯一の法である。

こと、つまり「民」に対する「共感共苦」を「原理」とする文明であった。その意味で、天皇政治はかぎりなく近代文明に背反するのである。

しかし、近代の議会や内閣や政党や銀行や鉄道や病院は、はたして人間ひとりびとりを存在として認め、とどのつまり救済したか。たとえば、ムイシュキンはこの小説のなかで、「世界を救おう」として「機械的形式」についての議論をたたかわせる人びとのただなかに、次のように出現したの

だった。世界を救うのは、「自由な国民の議会制度」なのか、「鉄道」なのか、それとも「科学、産業、組合、賃金」なのか。それとも、こういった近代の「機械的形式」ではなくて、「美」であり、また「共感共苦」という「全人類唯一の法」なのではないか、と。

　そして、近代の日本人は、民主主義的な議会制や、責任内閣制や、個人の権利を守るという裁判所や、近代的な病院や、便利な鉄道や、基本的人権を守る組合などを次々に取り入れながら、しかもなお最後のところで、「すべての民の心を抱きとめ、いつくしんでくれる」、いいかえると民衆に「共感共苦」の感情をそそいでくれる天皇存在を希求していたのであったろう。天皇は、哀しいことに、近代の「機械的形式」に絶望した民衆の最後の拠り処であったのだ。そうでなければ、明治時代、近代の議会や内閣や科学や医療やらに足尾鉱毒事件の解決を望みつつも、ついにそういった近代とは背反するような天皇への直訴へと走っていった田中正造の姿はありえないのである。

　いや、明治ばかりではない。より近代化がすすんだはずの昭和、あるいはその戦後期になってからも、天皇の名が叫ばれつづけたのだった。二・二六、特攻隊、水俣病患者……というように。つまり、天皇の名が叫ばれたのは、天皇に「共感共苦の精神」を絶望的に希求する民衆の悲鳴というものであった、といえようか。

　国民のすべてがそれぞれにじぶんのことを考え、じぶんの愛する人を想い、じぶんの家の永続を祈り、じぶんの属する集団や共同体の利益を図るときでもなお、一人でいいから、ほんとうにたった一人でいいから、国民すべてのことを考え、想い、祈り、図ってくれる人がいてほしい。

そのような幻の人を思い描いて、この昭和という時代のなかで、二・二六事件の青年将校は「大御心にまつ」といい、戦争中の特攻隊員は「天皇陛下万歳！」と泣きながら死に、水俣病の患者は「て、ん、の、う、へい、か、ばんざい」と絶叫したのだった。

右は、一九八八年九月、わたしが天皇の重体という報道に接したあとで書いた文章の一節である。そこでは、「じぶん」と「天皇」が対比的に書かれている。これは、わたしが、「じぶん」を主張しつづけた近代とそれを超えてある「天皇」、という対比を鮮やかにあぶりだそうとしたからである。近代の日本人は、その「じぶん」と「天皇」との大いなる距離に揺られ、またその無意識的な葛藤に衝き動かされて生きてきたのである。

政治を超えて

昭和天皇の政治は、戦後になって権力から切れたことによって、その天皇政治という本質を開示することになったが、それは高度成長以後いっそう明らかになったように思われる。なぜなら、高度成長以後、日本人が相対的な平和と繁栄と安定とに馴れ、そのなかでひたすら「じぶん」の生活、財産、健康、安全といったものを守る方向に走っていったからであったろう。このとき、皮肉なことに、政治家でも経済人でも思想家でも学者でも医者でもなく、ただ一人、天皇のみが国民すべてのことを考え、いつくしむ役（パフォーマンス！）を果たそうとしていた。

そのことが、晩年に、病床の天皇が行なう「政治」によって一挙に露呈したのだった。むろん、そのときの天皇の「政治」は消費税問題にも、リクルート疑惑にも、また国際化論議にも関わらなかった。しかしそのことによって一層、天皇の政治はそれら政策論や情勢論、そして実務的な処理に関わるものでないことが明らかになったのだった。

たとえば、天皇はその病床から、豊葦原瑞穂《とよあしはらのみずほ》の、とどのつまり〝米づくり〟の国である日本の経済と国民の生活の根本に影響を及ぼすのは米の作柄である、というふうに無意識的に考えた。そうして、「長雨にたたられた今年の米の作柄はどうなっているのか」、と問うたのである。

この問いが天皇の政策論議や情勢論に発するものでないことは、天皇がそう問うたとき、これにすぐ答えられる侍従や政治家が誰もいなかったこと、それによって側近たちが周章狼狽《しゅうしょうろうばい》したさまが伝えられたことでも、歴然としていよう。そして、この発言は、天皇の長靴姿の「田植え」を背景においてみれば、ごく自然の、身についた、無意識的な思考であることがわかる。

もちろん、こんにち日本の国民のほとんどはすでに農民（〝米づくりの民〟）ではない。農業人口も低下している。専業農家とすると、十%を割っている状態である。だから、一流の政治家、経済人、学者たちなら、日本の経済と国民の生活の根幹に影響を及ぼすのは、米ではなく、円相場だ、とか、情報産業の将来性のほうだ、などと答えるかもしれない。

しかし、日本の国民が究極のところで政治に求めているのは、そういった政策レベル、情勢論ではなかった。それどころか、天皇の病気、重体、死去へと至る過程のなかで明らかになったことは、消費税が三％であろうが五％であろうが、そんなことはどうだっていい。日本が国際化しようがしまいが、そんなこともどうだっていい。結局のところ、日本人は天皇とともに〝米づくり〟をする島国の民でいい、というふうな収斂《しゅうれん》、つまりアイデンティティの再確認だったようにおもわれるのだ。

天皇の重体（吐血）が発表されると、竹下首相（当時）はひたすら私邸にとじこもり、外相は国際会議への出席を取り止めた。これは、天皇の病状を心配したというより、そのことをきっかけに日本人がアイデンティティを確認した、その延長上の行為であったに違いない。つまり、わたしのみるところ、日本人は現在、「……国際化が国是のようになってきますね。ところが、日本の国民は『うん、そうだ。国際化社会に進まなければいけないのだ』といいながら、（中略）われわれは本来権力も何もない天皇と一緒にこの国で死んでいってもいいのだ、と島国の中に縮こまる。要するに、ソニーや車がなくても、あるいは多国籍産業とか海外のキャピタルなどがなくても、何もなくてもわれわれはいいのだと」（「教祖のカリスマ性とは何か」、『歴史読本ワールド』一九八九年一月）考えているわけだろう。

ジャーナリストの一部は、竹下内閣が「天皇報道」を自由自在に操り、狡猾に立ちまわって「不気味」である、と指摘する。けれども、事態は逆で、竹下内閣は天皇制をどのように扱っていいかわからず、右往左往して旧習をひたすら守ろうとしている、といったほうが正確なのである。そのことは、小渕官房長官（当時）が病状の報告から平成の告知まで、ただメッセンジャー・ボーイのように、口をぱくぱく動かしていただけで数カ月を過したことにも明らかであろう。むしろ、ジャーナリズムのほうこそが、一足先に新天皇をかついで、「開かれた皇室」構想のほうへと走っていったのだ。

皇室は国際化する社会のなかで、国民のまっさきを、すすんでファッションをみせ、家族相和し、外交を展開する、といったかたちで歩いてゆく。これが、ジャーナリズムが描き、また新天皇夫妻が理想とする皇室像であるようにおもわれる。しかし、皇室はなぜ開かれねばならないのか。そのように開かれて、家族の血液型や星座が調べられ、ファッションが紹介されてしまえば、あとは成績、頭のよさ、そうしてついに英王室と同じようにスキャンダルの的にされるのが、オチである。そのように開かれることを、日本人ははたして善し、と考えているのか。

天皇制は、内閣や議会ばかりでなく、ジャーナリズムをもふくむ一切の政治を超えて存在すべきである。しかも、権力をもたない。そのためには、天皇は権力と関わった京都や東京を離れ、いわば地上を支配する権力との、潜在的な二重権力状態をつくるべきである。

わたしは元号法案なんかなくなってもかまわない、とさえおもう。元号を法律によって規定するかぎり、これに対する反対勢力が五十％を超えた時点で、法律は廃止され、元号なんて一切なくなってしまうことになるだろう。それゆえ、法律なんかなくとも天皇は元号をみずから定めつづけ、民の心を抱こうとし、いつくしもうとするような形態のほうがよいのである。

あえていえば、天皇は国事行為に携わらなくてさえいい。内閣や議会がどうあろうと、一切の権力をもたずに、ただひたすら国民の心を抱きしめ、いつくしむ。そのように政治を超えていわば潜在的な二重権力としてあることが、天皇制をもっとも深く国民のなかに根づかしめ、しかもそれが国民の権利を阻害したり抑圧したりする手段につかわれるのでなく、むしろ国民の権利を伸ばしその生活と安寧を守る方法となるのではないか、という気がする。

天皇制は潜在的に二重権力であることによって、現実の政治を超える。だから、日本人が高く天皇の名を呼びはじめたときは、必ず現実の政治（内閣、議会、政党、裁判所、学校、病院……など）に対して絶望感や不信感がきわまったときなのである。

もちろんだからといって、天皇制は政治的権力体制として復活すべきだ、などと考えるべきではない。政治的権力となれば、それを政治権力的に奪おうという論理がでてくるのだ。「支那（中国）に生れたら、じぶんは天子になれたとおもうよ」という北一輝の言葉は、その秘密にふれているのである。

天皇制は政治の彼方の虹としてあるべきで、そのことによって現実に翻弄されるしかない民衆の夢を繋ぐことができる。そして、じつはそれ以外に天皇制が近代政治を超えて生き延びる制度的方法はない、とおもわれるのだ。昭和天皇の生涯は、そのことを身をもって示した、とわたしにはおもえる。

文化としての天皇政治

日本の政治が究極のところで誰の手にあるのかを、昭和の裕仁天皇はその病床において、あざやかに開示してくれた。それは、内閣の手にあるのでも、官僚の手にあるのでも、財界の手にあるのでも、自民党の一部権力者の手にあるのでも、なかった。それは明らかに、天皇の手にあった。

なるほど、戦後の象徴天皇制はいちおう権力から切れていた。これはしかし、戦前の神聖天皇制が西洋の専制君主制を模倣したわずか七十年間ほどの特殊形態であり、伝統的な天皇制の形態はむしろ権力からいちおう切れたものであり、象徴天皇制はその伝統的な形態に立ち戻った、ということを意味するにすぎない。そして、そうだとすれば、病床における天皇は、日本の政治が権力の行使として行なわれるのでなく、それを文化に溶かすかたちで行なわれるものである所以を、わたしたちに改めて教えてくれたのであった。

それをいま、「文化としての天皇政治」というふうによべば、その「文化としての天皇政治」をわたしに強く印象づけてくれたのは、一時の危険状態から脱した天皇が〝今年の米の作柄はどうか〟と言葉を発したことであった。内閣や国民が天皇の病気をめぐって右往左往し、国会が消費税をめぐって対立をつづけ、ジャーナリズムが国際化論議に明け暮れているとき、天皇のみは日本が豊葦原瑞穂の〝米づくりの国〟であることを少しもうたがわず、国の経済と国民の生活の根幹に影響を及ぼすのは長雨にたたられた今年の米の作柄の如何だ、それはどうなっているのか、と問うたのである。病の床から、このような目くばり、思考をする政治家がほかにいるだろうか。

そして、そのあとで天皇が関心を示したのは、消費税のことでも、牛肉・オレンジのことでもなく、国技といわれる〝相撲〟と、ネイション（国家・民族・国民）の競争の場となる〝オリンピック〟とであった。これは天皇が相撲好きであるといった趣味のレベルの問題ではない。〝相撲〟にあっては各力士の出身地が名のりあげられ、〝オリンピック〟にあっては各選手の出身国が明らかにされる。つまり、その二つは居ながらにして、国の内外すべてに目を通すことのできる行事なのだ。天皇は国内外のことを、すべて知ろし召《しめ》す、というわけだ。

天皇の言葉が〝米の作柄〟、〝相撲〟、〝オリンピック〟とくれば、あとは〝沖縄〟かな、という気がわたしにはした。裕仁天皇がなぜあれほど沖縄国体に出席したがったのか、その真意のほどは政府当局者にも沖縄県の人びとにもよくわからなかったのではないだろうか。しかし、日本の政治を究極のところで押さえているという意識のある天皇とすれば、その生涯において唯一、足をふみいれていない沖縄へ行くことは悲願のようなものだったのである。

それゆえ、わたしは天皇が十月六日の午後、台風二十四号の進行方向をきいて〝沖縄の被害はどうか。調べるように〟と言葉を発したという新聞報道を目のあたりにして、さすが昭和の天皇の卓抜な政治力だなと、ほとほと感心してしまった。内閣や国民が天皇の病状に声をしずめ、自粛ムードを強めるなかで、天皇のみは病床から〝沖縄〟に注意をはらっている。

かつて二・二六事件のさなか、天皇は陸軍当局がなかなか鎮圧の挙にでないのをみて、武官長に対して「朕自ら近衛師団を率ゐこれが鎮圧に当らん」と軍服を着はじめた、という。それは統帥権を握っていた時代の天皇の政治、つまり丸山真男のいう「決断」であったが、そのような権力からは切れた現在にあっても天皇の政治はなお遂行されていたのである。それは政治を文化に溶かすかたちで、もっと具体的にいえば、この国の一切に目をとおし国民の生活に思いをかけているのは、内閣でも官僚でも財界でも自民党の一部権力者でもなく、天皇ただ一人であると暗示するかたちで行なわれた。

こういった「文化としての天皇政治」をデザインし、演出する政治家が天皇の側近にいたとしたら、その人は大変な策士、いや象徴天皇制国家の類稀な政治家といえよう。そういう政治家は、しかしわたしのみるところでは、天皇側近にはいないのである。そうだとしたら、これは裕仁天皇がその一身において体現した政治にほかならない。昭和の天皇こそ、日本がもちえた驚異の政治家であった。

民族の記憶の底に

昭和という時代ほど天皇の名がしばしば唱えられたことは、かつてなかった。それはときに強く、ときに低く、ときに民族の悲鳴のように、口にされた。天皇の名はあたかも、昭和という時代の持続低音であった。

たとえば、二・二六の青年将校は革命をイメージして「大御心にまつ」といい、戦争中の特攻隊員は母を想い浮かべながら「天皇陛下万歳!」と泣いて死に、水俣病の患者は議会からも裁判所からも病院からも見放されて「て、ん、のう、へい、か、ばんざい」と絶叫したのだった。

日本は天皇制国家なのだから、天皇の名が持続低音であるのはいつの時代でも同じではないか、というなら、それはちがう。なるほど、乃木希典は明治天皇に殉死した。しかし、乃木より十歳ほど歳上の山県有朋は、晩年の明治天皇が御前会議で居眠りをはじめたのをみて、サーベルのさきでとんとんと床をたたいて起こしている。山県と同年輩の黒田清隆などはもっとすごく、首相をつとめたときも「天皇階下(てんのうかいか)」とよんだ、というエピソードをもっている。

つまり、明治という時代にあっては、天皇制国家をつくりあげた人びとが現存していて、その天皇制が国家支配のための虚構(フィクション)であることをみずから知っていたのである。そして、あえていうと、乃木はその国家支配のための天皇制という虚構をもった明治国家のために死のうとしたのではなく、むしろ国家を体現している天皇という実在する人格に殉死したのであった。そのことによって「天皇の国家」を完成させる役割をうけもったのだ。

ところで、明治国家をそのような「天皇の国家」としてつくりあげるための思想が、吉田松陰の独創になる「国体論」にほかならなかった。松陰は『講孟余話』(安政三＝一八五六年)という、いまから百三十年まえの著作で、次のように書いたのだった。

漢土は人民ありて、然る後に天子あり。皇国には、神聖ありて、然る後に蒼生《そうせい》（人民と同意味——引用者注）あり。国体固《もと》より異なり、君臣何ぞ同じからん。

ここには、日本が「天皇の国家」である所以が明瞭に語られている。ちなみに、「漢土」とは当時の中国であるが、日本にとっては外にある世界全体というほどの意味で、その世界にあっては人民のなかから権力を握ったものが天子になる、これに対して日本は……という独自の「国体」を松陰は論じているわけだ。

ところが、この国体論、いや「国体」という言葉それじたいが、吉田松陰の独創にちかいものなのだ。翻っていうと、それ以前は天皇制国家のイデオロギーとなる「国体」思想はまだ生みだされていなかったのである。松陰の国体論に対して、当時、長州藩の藩儒であった山縣大華は、次のように批評していた。

国体といふこと、宋時の書などに往々これあり、我が邦の書には未だ見当らず。水府（水戸藩、とくにその会沢正志斎など——引用者註）に於て始めて言ひ出せしことか、——必ずしも古人のいはざる新奇のことをいはずとも、唯だ理を明かにし、天下に通ずるの公論ありたきことなり。

山縣はここで、「国体」などという新奇な造語によって、ひとりよがりの言を吐くな、といっているわけだ。松陰の国体論は当時、幕藩体制に対する革命論という性格をもっていたのである。ところが、その二十年後の神風連（明治九＝一八七六年）にあっては、「国体」という言葉はすでに保守すべきわがくにの固有の原理である、というふうに前提されている。「神祇を尊崇し、国体を護持し、尊攘の大義固く相守り云々」と。

松陰にあっては革命論だった国体論が、国体こそわがくにの保守すべき固有の原理である、というふうに通用してゆく過程に、わたしたちは明治国家の虚構（フィクション）の力をみるべきだろう。

そして、その虚構の作業に加わった明治の元勲たちは、当然のことながら、天皇制が国家支配のための虚構であることを知っていたのである。

ところが、昭和という時代に至ると、その元勲たちは死に、虚構が一人歩きをはじめる。ここに、天皇制が虚構であることを知っていたのは、支配層の中核にいた天皇一人であるという逆説が生まれることになる。

たとえば、昭和十（一九三五）年ごろ、天皇制ファシズムの狂信ぶりを露呈した国体明徴運動のさなか、裕仁天皇は「じぶんは天皇機関説でいいとおもう」と述べている。機関説とは、天皇を国家支配の（最高の）機関と考えるということであり、これは国体明徴運動の天皇現人神説と決定的に対立する思想といっていい。

ただ、そういう天皇機関説に立つかぎり、天皇は絶対権力者として国家を統治するのではなく、国会や内閣や司法の国家運営を最後的に推し進める役割を果たすだけになる。裕仁天皇の「あっ、そう」は、こういった国会や内閣や司法の国家運営のすべてを受け容れ、これを最後的に決断する言葉なのである。

二・二六事件の思想的設計者であった北一輝は、そのような天皇制国家の支配原理を逆手にとって、「天皇ヲ奉ジテ」のクーデターを構想したのだった。北は天皇を「ロボット」というふうに考え、ときに過激に「デクノボー」ともよんだが、それは天皇が国家支配のための（最高の）機関であって、みずからの権力意思をもたない、と結論したからである。

それゆえ、たとえクーデターが起こっても、それが「天皇ヲ奉ジテ」のクーデターであるかぎり、機関としての天皇、つまり「ロボット」としての天皇はこれに対して何の意思も表明すまい、それどころか、これに対しても「あっ、そう」と受け容れるだろう、と推測したのである。ところが実際には、天皇は「ロボット」であるどころか、みずから兵をひきいて、蹶起軍の鎮圧にむかおう、といったのである。このとき、天皇は機関ではなく、国家意思をひとりで背負っていた。矯激《きょうげき》なる思想家である北一輝は、もしも天皇が「ロボット」でありえないばあいも考えて、じぶんがクーデターを指揮したら宮城を占拠していたろう、と後に告白している。

わたしはこういった昭和天皇と北一輝との対決を、昭和史最大の思想的ドラマの一つと考えてきた。それゆえ、いつの日か、この思想的ドラマを一つのクライマックスに昭和史を書き綴ってみたいと考えているほどだ。それは北一輝の評伝として書き綴るという意味ではない。なぜなら、二・二六事件は天皇の生涯にあっても最大の事件の一つであったはずなのであり、しかも天皇はじぶんでそれをしっかりと記憶のなかに刻んでいたからである。

わたしがそう推測する理由は、昭和五十（一九七五）年、エリザベス女王が来日したとき、天皇はテレビの画面に女王とともに収まったが、そのあいだに、二・二六事件の蹶起軍が内閣首班にかつごうとした真崎甚三郎（大将）の息子を通訳として立たせていたからである。これは偶然のようにみえて、そうではない。記憶力の抜群にすぐれている天皇は、それが真崎の息子と知っていて、そういう措置をとった、とおもわれる。そして、その措置は翻って、天皇の記憶のなかに刻まれた二・二六事件の衝撃の大きさを物語っているはずだ。

ところで、わたしはいま、昭和天皇と北一輝との対決を昭和史最大の思想的ドラマの一つ、というふうにいった。とすると、ほかにもまだ、それに併び立つ思想的ドラマはあるのだろうか。むろん、ある。わたしの考えでは、大本教の出口王仁三郎との対決、連合軍司令官マッカーサーとの対決、そして「などてすめろぎは人間となりたまひし」（『英霊の聲』）といった三島由紀夫との対決である。

出口王仁三郎との関係では「もう一つの天皇制」をめざす動きを抹殺し、マッカーサーとの関係では天皇制の解体をもくろむ連合軍の動きを封殺し、三島由紀夫との関係では「神聖」なる天皇像を一蹴するといったぐあいに、裕仁天皇の昭和史はまさに天皇みずからが切り拓いてきたような趣きさえある。日本歴史のどこをみても、これに比較できるような思想的活動を行なった天皇は、見当たらない。

ともあれ、裕仁天皇の昭和史は、百三十年まえに吉田松陰によって独創され、その後、明治国家の虚構づくりの思想となった国体論が天皇制神学として社会の表面を覆いつくした時点での、天皇自身の闘いであった。かれは伝統的な天皇のありかたが神輿であったように、一切を「あっ、そう」といって受け容れているかにみえながら、そのじつ、天皇自身の最後的決断によって、昭和史をつくってきたのである。神聖天皇から象徴天皇への転身は、その最たるものであった。

こういった最後的決断を、天皇の「政治」とよぶこともできよう。この「政治」が果たした重大な意義に較べれば、昭和の政治家たちが果たした役割など、ほとんどものの数に入らない。

裕仁天皇は戦後三十年を過ぎた時点での記者会見で、広島・長崎への原爆投下をどうおもいますか、ときかれて、戦争なのだから仕方ない、と答えた。これは戦争においては人的、物的ロスは仕方がない、それをできるだけ少なくするのが戦争指導者の責任というもので、そのロスの大きさが戦争開始当初の想定・計算を上回ったから、負けを認めて、ポッダム宣言を受諾したのだ、という政治思想とつながっている。それは明らかに、「政治」を行なったものの考えかただった。

天皇はその死によって、これから民族の記憶の底に沈むことになる。しかし、この天皇の行なった比類なき「政治」は、これからさき永く、民族の記憶の底から消え去っていかないであろう。

象徴天皇制のゆくえ

皇位継承後の困難

昭和の裕仁天皇は、制度的にいうと戦前の神聖天皇制から戦後の象徴天皇制への移行という困難、あるいはねじれを一身において乗り切った。これは、裕仁天皇がみずからは戦前も戦後も変わらず、立憲君主制下の〈帝王〉である、という思想を抱いていることによって可能になったことであったろう。

昭和初期、国体明徴問題が吹き荒れたとき、「じぶんは天皇機関説でいいとおもう」といい、また戦後、広島の被爆をどう考えるかと問われて、「戦争だったのだから仕方がないではないか」と答えたのも、どちらも立憲君主制下の〈帝王〉であるという自身の思想に立脚してのものだった。

憲法の下にある〈帝王〉は当然のことながら、国家支配の機関たらざるをえない。しかし、〈帝王〉であればこそ、戦争は経済的かつ人的なロスを見込まざるをえない不幸な手段であるけれども支配者がとるべき政治の一形態である、と考えることができるのである。ただ、その経済的かつ人的なロスが原爆を投下されることによって、当初見込んだロスの許容限度を越えてしまった。それゆえの無条件降伏の受諾である。裕仁天皇はそう考えて、広島の被爆を仕方がないと発言した、とおもわれる。

ともかく、裕仁天皇はみずからが立憲君主制下の〈帝王〉であるという思想において、生涯一貫していた。これは、かれが帝王学を学んだ日本で唯一のひとであったことと無縁でないだろう。制度的には神聖天皇から象徴天皇へと変わりながらも、かれ自身の思想は変わった形跡をみせていないのである。

この裕仁天皇の存在があることによって、昭和は辛うじて連続した一つの時代となりえている。そうでなければ、歴史学によって〈戦争とファシズム〉の戦前と、〈平和と民主主義〉の戦後、というふうに二つに分かたれる昭和という時代を、一つに連続して把握することができないだろう。翻っていうと、そのように昭和を連続した一つの時代となしえたことによって、裕仁天皇には偉大なアウラ（後光）が生じたのである。

こういったアウラ（後光）は、当然のことながら、皇位を継承したばかりの平成の明仁天皇にはまだ生じていない。かれは制度的にいって象徴天皇制下に自己形成をし、象徴天皇の役割を果たすべく皇位を引き継いだにすぎないからである。

しかし、明仁天皇がこれから象徴天皇の役割を果たすにあたっては、昭和の裕仁天皇とは別種の、ある大きな困難が待ち受けているように、わたしにはおもわれる。その困難は、象徴天皇制それじたいがその成立の基盤としてきた農耕社会を、いま喪失しかかっていることに起因するだろう。これは、象徴天皇制そのものの実体的な基層が希薄化している、ということである。

改めて指摘するまでもなく、象徴天皇制という名称は戦後の憲法に由来するものである。しかし、制度としては、後醍醐の敗北以後に形成された伝統的な形態といっていい。つまり、戦前のプロシャ軍国型の神聖天皇制こそが天皇制としては新奇の形態なのであり、戦後の象徴天皇制は〝島国〟と〝米づくり〟の民族的原型のうちで形づくられた天皇制の伝統的な形態に立ち戻ったものなのである。

天皇制の伝統的形態は、古代王権を別とすれば、〝島国〟と〝米づくり〟の民族的原型のうちで形づくられている。そのことは、日本の国土が島嶼《とうしょ》から成り立っており、その島国の「海やまのあいだ」（折口信夫）で米づくりをはじめた民族が天皇制という支配構造を必要とした、ということであった。

天皇は、海、山の民から貢物をとり、全国土を統べる。その統治者としての王がとりおこなう一世一代の行事が、大嘗祭《だいじょうさい》、つまり天皇が即位ののち初めて収穫された新しい米を天照大神および天神地祇に献上し、神々とともに食事をすることによって、神々から統治の力を与えられるものである。そしてまた、天皇が毎年行なう最大の行事が新嘗祭《にいなめさい》で、これは毎年秋に新穀収穫のあと行なわれる。それは、村々の秋祭に相当するものだ。天皇はこの新嘗祭によって、神々から来る一年の新しい統治の力を与えられる、というわけだ。天皇制はこのように、〝米づくり〟の民族を支配するためのメカニズムとして作られたのである。

〝米づくり〟はこれまで、〝島国〟とともに、民族の実体を形づくってきた。この実体から型取って描き出された民族の共同の仮構（フィクション）が天皇制にほかならない。その仮構（フィクション）を使ったほうが民族の一体性、帰属性が明らかにでき、それによって統治が平和裡に実現されるのである。そして、そのためには天皇制が権力そのものから一応切れるという、象徴天皇制のほうがより有効なのである。

もし、天皇が絶対権力であると明治憲法のように主張するなら、そういう神聖天皇制の「物語」に対しては、マルクス主義の「物語」のように、いや党（パルタイ）のほうこそが絶対権力である、これによって搾取がなくなり平等が実現される、と対抗することが可能になるだろう。また、戦後実際そうであったように、絶対権力は天皇ではなく民主主義という「物語」をもった占領軍（マッカーサー）である、という新たな権力神話が可能となるだろう。

だが、戦後憲法のように、天皇が権力から一応切れた国民統合の象徴にほかならないと仮構（フィクション）されるなら、民族に対してその仮構（フィクション）より大きな喚起力をもつ「物語」でないかぎり、天皇制を超える論理たりえない。国民統合の象徴、という言葉がいかにも戦後憲法的であるというのなら、民族の帰属する場所《トポス》の象徴といってもよい。いずれにしても、象徴天皇制は日本という〝島国〟にあって〝米づくり〟をする民族の統括、支配、平和のための伝統的な形態として作り上げられてきたのである。マルクス主義の党も、民主主義を掲げる占領軍の権力も、これに取って代わることはできなかった。

ところが、その象徴天皇制が仮構として成立するための民族的な実体であった〝米づくり〟が、この百数十年の近代化によって消滅しようとしている。そこに、象徴天皇制のある困難な局面があらわれはじめたのである。

〝米づくり〟という実体の消滅

もちろん、その困難な局面は、戦後の農地改革とそれに引き続く高度成長による、農業人口の激減が生みだしたものであった。農地改革は農業の近代化、つまり土地利用の集約化と合理化（機械化）とをもたらし、それによって農業生産力は戦後飛躍的に高まり、農業人口を相対的に少なくした。そして、一九六〇年代の高度成長は、日本の近代化の特徴の一つである農業から工業への移行を圧倒的におしすすめたのだった。

この二つの過程を通して、第一次大戦後の一九二五年に五十二パーセントあった農業人口は、第二次大戦後の一九四八年には四十八パーセント、一九六〇年には三十三パーセントへと減り、そうして一九七七年には十四パーセントへと激減している。この一九七七年には、その十四パーセントから第二次産業の兼業を除くと、専業の農業人口は十パーセントを割るほどになってしまっている。一九八〇年代後半には、専業の農業人口はおよそ七パーセントほどにまで低下した、といわれる。

社会学的にいうと、農業人口が三十パーセントを割ると、農村型社会から都市型社会への移行がはじまり、十パーセント程度になると都市型社会の成熟状態がおとずれる。とすると、およそ一九六〇年代の高度成長期に都市型社会への移行がはじまり、一九八〇年代には都市型社会の成熟がはじまった、ということになる。

つまり、象徴天皇制が基底にしていた〝米づくり〟の農村が、一九六〇年代から八〇年代にかけて急速に姿を消していったのである。象徴天皇制は戦後の社会に着実に根を下ろしていったようにみえながら、それは制度的、イデオロギー的、思想的なレベルにおいてであって、その形態を生みだした元々の実体である〝米づくり〟の農村社会は失なわれていったのだ。

平成の明仁天皇が直面している困難とは、まさにこの、天皇制が象徴天皇制として生みだされた〝米づくり〟の農村が消滅する危機に対応するものといっていい。なるほど、この困難は、平成時代に入ってから生みだされたものでなく、昭和の裕仁天皇の時代にすでに生じていたものである。けれど、裕仁天皇がその困難に直面したのは、即位後五十年を経てからのことであって、かれのなかでの〝日本〟のイメージは「豊葦原瑞穂の国」という以外のものに変わりようもなかったろう。

裕仁天皇がその最期の病床で、昨夏の長雨の影響を心配していった言葉は「長雨にたたられた今年の米の作柄はどうなっているか?」というものだった。この言葉には日本が「豊葦原瑞穂」、つまり〝米づくり〟の国であるというイメージがすこしも揺るがずにあり、国の経済と国民の生活の根幹に影響を及ぼすのは米の作柄だ、という確信があった。そしてその確信は、日本がもはや〝米づくり〟によって成り立っている国でないにもかかわらず、春にはゴム長靴で〝田植え〟をする姿が似合っている裕仁天皇だからこそもちえたものだった。

いいかえると、これまでテニス・セーター姿か背広服で空港に立ってメッセージを読み上げている姿しか見せたことのない平成の明仁天皇から、「長雨にたたられた今年の米の作柄はどうなっているか？」という言葉がでてこようはずもないし、かれが〝田植え〟をするイメージも浮かんでこないのである。

もっといえば、事情通の裕仁天皇は、日本の農業専業人口が十パーセントを割っていることを知っていたかもしれない。しかし、そんな統計上の数字が何の意味をもつか、日本は相変わらず〝米づくりの国〟である、それ以外に日本の固有性はない、そのことをじぶんは信じるから相変わらず〝田植え〟をやっているのだ、というふうに考えていたような気がする。昭和の裕仁天皇なら、そのように思考することは、大いにありえた。

にもかかわらず、実際上の日本の経済からいえば、農業専業人口は総人口の一割に満たず、その文化はいまや農村型から都市型へと移行しているどころか、都市型文化の成熟状況をむかえているのだ（その「都市」がやはりアジア型、そして農村型の痕跡を残している、とはいいながら……）。それに、純粋に数字上の計算からいうと、日本の経済は〝米づくり〟をつづけるよりも、米価が日本の十分の一程度のタイ米や、三分の一程度のカリフォルニア米を買ったほうがはるかに安上がりなのである。

もちろん、自国の主食料を外国に依存してしまえば、現在ただいまの経済は安上がりになろうが、民族の生殺与奪の権を外国に預けてしまうことになりかねない、という危険性が生じるのであるが……。それに、一度米づくりを止めた土地でふたたび米づくりを再開するには、三年や十年といった年月が必要とされるのである。

そういった危険を冒すまでには至っていないにしても、日本が〝米づくり〟の国である実体はたしかに希薄になっている。とすれば、その農耕儀礼とか農耕習俗のうえに多く立脚してきた天皇制は、それを支えてきた農民＝国民のエトス（生活的な感情）そのものを失なうことになる。平成の、というより一九六〇年代の高度成長以後、非農業化の波に洗われることになった天皇制の置かれている危機の大きな一つは、ここにある、といっていい。

天皇制の命運

たとえば、吉本隆明は「天皇制とポスト・モダン」（『春秋』一九八九年一月号）というインタビューのなかで、次のように語っている。

　天皇制を習俗とか民俗の世界の、どこで対応づけられるかといえば、起源が、農耕社会の起源と対応づけられるんじゃないでしょうか。農耕儀礼とか農耕習俗にまつわる祭を宗教性というとすれば、それは宗教としての天皇制と対応できます。逆に言えば、天皇制がこれからますます形式化してしまうことがあるとすれば、農耕社会が日本のなかで形骸化していく社会の状態とたぶん見合っていくだろうということです。（傍点引用者）

天皇制が「形式化」する、とは、どういう意味か。それが前提としていた日本民族の〝米づくり〟、つまり農耕社会の実体がなくなり、たんに統治、統合の形式として残る、ということである。しかも吉本は、「形式」というものはそれが前提としている「実体」が失なわれれば自然的に消滅する、と考えているようだ。かれは自然科学者のごとく、いや数学者のごとく、天皇制の命運を、次のように合理的に計算する。

日本の農耕社会は、年々人口も減っていきますし、耕地面積も減ってるわけです。単純に減る割合を外挿《がいそう》しますと、ゼロになるまでに二〇〇〇年かかりますね、計算したことがあるんです。そうしますと、天皇制の形式がまったくなくなるまでには、二〇〇〇年かかるということになりそうです。事実上はもちろんそうはならない。純粋農家がいま、全農家の一四・五パーセント、兼業農家が六〇パーセントくらいです。たぶん純粋農家は一〇パーセント以下のへんでとまるだろうとおもうんです。天皇制の問題も、憲法が改正されて「象徴」でもなくなることがないかぎり、やっぱり形式的にはそのくらいのところで存続していくでしょう。でも形式だけがというふうにおもえば形式だけっていうことになりそうだとぼくはおもいます。

吉本はここで、農業人口が減り、耕地面積が減って、農耕社会が消滅すると、究極的には天皇制の形式もなくなる、と考えている。もちろん、純粋農家（専業農家）は十パーセント以下ぐらいのところで残りつづけるだろうから、天皇制も存続するだろうが、それにしても〝米づくり〟の実体が十パーセント以下では、天皇制はもはや「形式」にすぎなくなる、二百年ほどたつと死滅したも同然になる、というふうに、かなり詳しく論理展開をしているのだ。

この吉本理論は、かつて『思想の科学』が主張した、天皇なんて知らないよ、天皇制なんて関係ないよ、という若い人びとが増えていけば、天皇制はいずれ消滅するだろう、という、楽天的で、単純明快な論理にどこかで通じている。そう信じて、よいのだろうか。

〈外部〉の力は天皇制を倒せない

そう信じて、よいのだろうか、とわたしが疑問符をつけてみたくなるのは、幕末のころもやはり、天皇なんて知らないよ、天皇制って何だい、というような大衆が国民のほとんどだったからである。明治になって首相になった薩摩出身の黒田清隆が「天皇陛下（てんのうかいか）」とよびかけた抱腹絶倒のエピソードをもちだすまでもなく、徳川治政三百年の平和のあいだに、人びとの記憶から天皇の名はまったく消えていたのだ。だからといって、天皇制は消滅しなかった。

吉本隆明は、いや、それは天皇制が人びとの当面の記憶から姿を消していただけであって、天皇制を支える実体としての農耕社会が消滅していたわけではない。しかし、今度は違う、というかもしれない。

けれど、日本の民族が天皇に対してアイデンティティ（一体感や帰属感）をもつのは、たんに、じぶんたちが農耕社会に生き、天皇制がその〝米づくり〟に範型をおいているからでは、もはやない。実体としての〝米づくり〟はなくなっても、その原型から民族が形づくった天皇制という共同の仮構（フィクション）に価値を見出すかぎりにおいては、天皇制は滅びないのである。たとえていうと、幕末のころのように天皇の名がほとんどの大衆の記憶のなかから消えてしまっていても、吉田松陰のように仮構（フィクション）の価値設定を新しく作り直すひとがいる限り、天皇制は何度でも新しく蘇えるのではないか。

吉田松陰の『講孟余話』が発表されたのは、一八五六（安政三）年、明治維新に遡ること十二年、「天皇ハ神聖ニシテ侵スヘカラズ」の文言をもつ憲法が発布になるわずか三十三年前のことである。そこには、ほとんど先例のない「国体」という言葉がつかわれ、次のような国体概念が独創されていた。

漢土には人民ありて、然る後に天子あり。皇国には、神聖ありて、然る後に蒼生（人民と同意味――引用者註）あり。国体固《もと》より異なり、君臣何ぞ同じからん。

松陰はここで、江戸期の農耕社会のなかで確立した伝統的な「象徴天皇」概念に対して、独創的な「神聖天皇」概念を提出していたのである。そして、それが明治以後七十年間、統一的な民族国家の支配的イデオロギーとして民族に作用したのだった。

このことからもわかるように、「神聖天皇」という仮構（フィクション）は、日本が統一的な民族国家を建設するさいに必要とされたものであり、「象徴天皇」という、より伝統的な天皇制は、戦後の日本が民主主義的な平和国家として戦前を自己修正するために必要とされた仮構だったのである。

それゆえ、柄谷行人が「昭和精神史を検証する」（『文学界』一九八九年二月号）における浅田彰との対談でいっているように、天皇制はその起源においては別だが、いまでは制度の基底から稲や血という実体そのものがなくなっていても、そんなことは天皇制の存亡に関わらない、ということもできるのだ。

柄谷の次のような議論は、吉本隆明の農耕社会の死滅＝天皇制の消滅という論理（仮説）に対する、全面的な批判・否定として読むことが可能である。

天皇制は稲や血（などの実体――引用者註）と関係がなくても少しもかまわないのですから。あんまり天皇制の歴史的起源論や、あるいは構造論をやっていくと、天皇制の意味づけがたえず変更されて行く、その変化がわからなくなるのではないかと思うんです。明治政府は天皇をドイツ皇帝のように意味づけようとした。また、西田幾多郎は、天皇制を神道あるいは日本主義なんかとは逆に、無の場所として（中略）。そういうふうに意味づけ自体はどんどん変っていくと思うんです。だから天皇の儀礼みたいなことをいくら言っても、もう関係ないんじゃないかと思う。

柄谷の考えでは、天皇制の意味づけは時代時代で変わっているのだから、歴史的起源論や構造論をいくらやっても、現に存在し、現在的に意味づけられている天皇制を衝き崩すことができない、となるだろう。では、彼は現に存在する天皇制はそのままで容認せよ、といっているかというと、そうではない。

天皇制を衝き崩す力は、天皇制を生み、意味づけを変えて存続させてきている民族の〈内部〉からはあらわれない。それを倒す力があるのは〈外部〉だ、と柄谷はいうのである。

（坂口）安吾が言ってるのは、民衆は今しか考えないからすぐ忘れるというんです。支配者がどういう所からどのようにして出てこようと、二代目になればケロッと忘れてしまう。（中略）天皇制が廃止されたって、民衆は何も関係ないですよ。だから、天皇の起源とか民衆とのかかわりというものをすごく重視して、そこを解明すれば解体できるという発想はおかしいと思う。ぼくの考えでは、王制を倒すのはいわば外国なんです。その国の人間が倒すなんてないですよ。

（中略）戦争に負けたときに、ドイツでもロシアでも退位した。だから外国との関係であり得るだけでしょう。国内だけの要因をみて、そこから天皇を倒す力を見出すなんておかしいと思う。明治以降に唯一天皇制が廃止される可能性があったとしたら、それはアメリカ軍によってでしょう。

この柄谷の発言は、途中でドイツやロシアにふれている箇所に関しては、やや説明不十分であろう。問題は「退位」ではなく、「廃止」であるから。

ただ、全体の論旨とすると、すこぶる明快である。――民族の〈内部〉において生まれ、意味づけを変えつつ存続をさせられてきた天皇制を「倒す力」は、唯一、〈外部〉の力、もしくは〈外部〉の力との関係である。それゆえ、明治以後、「天皇制が廃止される可能性」は、〈外部〉の力たるアメリカ軍（占領軍）にあった、という論旨である。

この論理は、すこぶる明快であるけれども、すこしおかしい。なるほど、アメリカ軍という〈外部〉の力が天皇制を「廃止」する可能性は、ないではなかった。しかし、もしそれが可能であったとしても、その「廃止」を日本〈内部〉が認めようとしなければ、天皇制を生み、存続させてきた〈内部〉の力はなくなっていないわけだから、それはまたいつか復活する、ということではないだろうか。

柄谷とちがってわたしは、〈外部〉の力が天皇制を「廃止する可能性」は、まったくないとおもう。

その可能性をもつのは、唯一、〈内部〉の力、つまり革命である。しかもそれは、〈外部〉からもたらされる、つまり外から移入された思想や勢力による革命によっては、ついに成されないだろう。

かといって、わたしは民族の〈内部〉の「天皇の起源とか民衆とのかかわり」を「解明すれば（天皇制を）解体できる」とも思わない。それらを解明することを通して、民族が共同で作り上げてきた仮構（フィクション）に対して、それを超える仮構のためのより大きな仮説が作り上げられるまでは、天皇制は存続するだろう、と考えるのである。

天皇制という仮構が農耕社会の死滅という現象によって、自然的に消滅するなどということはありえない。しかし、現在の農耕社会と実体の死滅（化）にさいして、天皇制が「象徴天皇」という意味づけだけで確固たる位置をもちつづけられるとも、おもえないのである。

昭和の裕仁天皇のばあいは、そのカリスマ＝栄誉力の根源に農耕社会（の記憶）を置くことによって、国民＝農民のエトス（生活感情）のなかに深く入り込むことができたのである。けれど、平成の明仁天皇のばあいは、それをもとうとしても農耕社会（の記憶）が国民の生活からなくなりはじめているのである。ここに、象徴天皇制の現在の問題がある。

終章

皇室を本来の姿に

天皇は古来「女性格」の存在である

秋篠宮家に二〇〇六年九月六日、長男、悠仁《ひさひと》親王が誕生したことで、皇室典範改正をめぐる議論は先送りされた。

皇位継承は「男系男子」に限るとする現在の皇室典範の規定によれば、秋篠宮誕生以来、四十一年間男子が生まれていなかった先日までの状況は、確かに皇室の危機だった。そのため、皇太子の長女である愛子内親王の皇位継承を可能にする方向で皇室典範改正が急がれ、それに対する根強い反発もあって議論が沸騰したのだが、とりあえずはその議論が不要になったということだろう。

だがわたしは、皇室に男子が誕生した今こそ、皇室とは何かについて真剣に議論し、皇室典範改正を進めるべきであると考えている。それは、困難の度合いが高まっている現実の皇位継承の問題を解決するためだけではない。皇室の姿を、日本という国のあり方にふさわしい、本来の姿に戻すためである。

今こそ皇室典範の改正を

前者の、現実の皇位継承の問題については、男子が誕生したからといって解決したとは必ずしもいえない状況である。

悠仁親王は、生まれた瞬間から、いずれ皇位を継ぐべき「唯一の男子」として、かつてない重圧を負わされる。昭和天皇も現在の天皇もあるいは皇太子も、兄弟に男子が二人以上いた。将来の天皇として帝王教育を受けるのは一人だけとはいえ、何かがあった時のバッファーは確保されており、周囲の期待も多少は分散された。一人だけの悠仁親王のおかれた状況ははるかに過酷である。

それに、将来の天皇を愛子内親王とするのか悠仁親王とするのか、早急な決定が必要である。小泉純一郎前首相の私的諮問機関「皇室典範に関する有識者会議」の結論は女性・女系天皇の容認であり、それに従うなら愛子内親王だが、現在の皇室典範なら悠仁親王ということになる。

どちらにするにせよ、将来の天皇としての帝王教育は、物心がつき、周囲が自分に何を期待しているのか感じ取れるようになる三歳前後には始めるべきである。愛子内親王はすでに四歳になっている（二〇〇六年十二月一日の誕生日で五歳）。

現在の帝王教育は、戦前の帝王教育とはかなり違うにしろ、「皇室の子は学習院に入れておけば何とかなる」というレベルのものではない。帝王教育とは、天皇としての決まった行事をこなすためのものではない。天皇という存在が日本という国のなかでどのような位置にあるのか、どう身を処すべきかを深く考える。国家という組織を超え、あるいは通常の時間軸をも超えて日本のことを考え抜く。それが天皇の役割であり、その役割を真に身につけさせることが帝王教育の根幹なのである。

そうした教育を受ける皇族と、それ以外の皇族とでは、自ずから性格も異なってくる。いつの時代も、天皇は非常に性格が慎重で、その弟は対照的に活発だといわれてきた。

たとえば昭和天皇は若いころ、一部で「鈍行列単」と陰口を叩かれ、弟の秩父宮のほうが頭がいいという人が多かった。国家の天皇という役割を担うことが定められた存在は、子どものころから何事にも慎重にならざるをえない。何を聞かれてもぱっと即答するわけにはいかない。弟は気楽な立場だからはるかに活発に発言し、行動できる。しかし、だからこそ昭和天皇は本当に国が危機に直面した時に正しい判断をすることができたし、秩父宮は「頭のまわりがいい」として軍部にかつがれ、三国同盟支持派にもなった。

現在の皇太子と秋篠宮を見ても、明らかに、与えられた役割による性格の違いがくっきりと表れている。

皇太子と秋篠宮をめぐる実際上のシステムも全く違う。両家の職員数は、皇太子一家が五十一人、秋篠宮一家は九人。両家に割り当てられる年間予算は皇太子一家が約二億円、秋篠宮家は約五〇〇〇万円だという。もし悠仁親王が皇位継承者となるなら、その役割に合わせたシステムを早急に整えていかなくてはならない。

「男系男子」に意味はあるか

皇室を本来の姿に戻すことは、日本にとってさらに重要な問題である。

国家の外形的原理である憲法と、その国家を支える国民をどう育てるかの内的な教育原理、そしてその国家のなかで皇室をどう維持するかの皇室典範は、きわめて密接に関連しつつ、日本という国のあり方を規定する三つの基本的システムである。

だからこそ、わたしが第一の開国と呼ぶ明治期においては、井上毅《こわし》という人物が、大日本帝国憲法、教育勅語、皇室典範をほぼ一人で作り上げた。第二の開国である第二次世界大戦後は、マッカーサーと民主主義的天皇が手を握って、日本国憲法、教育基本法を制定。皇室典範は明治期のそれを踏襲しつつ、日本国憲法の下で政治的権力から離れ、「開かれた皇室」を追求してきた。

そして現在は、グローバリズムの急速な進展のなかで「第三の開国」期を迎え、国民を守るための憲法の創造や教育基本法改正が実現に向かっている。当然ながら、それらと密接に関連するものとして皇室のあり方を根本的に見直し、皇室典範を改正すべきなのである。

その際に忘れてならないのは、皇室典範の「男系男子」の規定は、「大日本帝国ハ天皇之ヲ統治ス」という大日本帝国憲法の国家原理に連動して定められた皇帝制度にほかならないということだ。大元帥たる天皇、すなわち腰にサーベルを下げて白馬に乗る天皇は、男系男子であるべきだったかもしれない。だが、統帥権をもった大元帥としての天皇は、大日本帝国憲法下の六十年弱の間にのみ存在していたもので、歴史的にみれば、むしろその時期が〝異常〟だったのである。

明治期、すなわち第一の開国期は、軍事力によるテリトリー（領土）ゲームが世界規模で展開された時代だった。戦後の第二の開国期は、日本が経済力によってウェルス（富）ゲームを行ない、国家のアイデンティティを構築した時代だった。

現在の第三の開国期は、グローバリゼーションの時代であり、国の安全も一国で守るのではなく、多国間の取り決めで守っていく。世界市場をもつ日本企業が資本や労働力を世界規模で調達するなど、経済的にも多国間関係が重要になっている。そうした時代の国家のアイデンティティは、軍事力や経済力によってではなく、文化の力によって構築される。

では、日本の文化の力とは今、何か。それを考えた時、日本文化とその継続性の象徴として天皇制があることに気づく。天皇および皇室は本来、政治的権力も軍事力も経済力ももたない。皇室がもつ力とは、文化の継続性なのである。そこに皇室の役割を明確に定める、すなわち皇室とは日本の民族文化を伝える存在であると認識したほうが、日本は不変の道を歩めるのではないだろうか。そうであるなら、男系男子という規定は意味がなくなるわけである。

「女性格」の天皇

日本の歴史において、実際に女性天皇が登場するのは稀なことだったが、私は本来、天皇は「女性格」であったと考えている。

日本には過去、さまざまな技術をもった海洋民族や騎馬民族さえやってきたと考えられるが、それでも基本的に日本は、米づくりの国としてつくられてきた。豊かな自然の風土で生きる暮らしによって、自然の力、生む力、そうして女性の力への崇拝が日本文化を形作ってきた。日本の古神道の基本的な形は自然崇拝であり、それに祖先崇拝が伴ったのである。

日本民俗学の祖である柳田國男によれば、日本の神々の半分以上は女性である。海も山も太陽も、すなわち自然の中心にあるものはすべて女性格なのである。それらの神々の声を聞き、地上に伝える巫女も、現代にいたるまで女性に限られている。

男性はその神々に仕える地上的役を担う。本来、豊穣の女神に捧げる神事であった相撲は、したがって男性が行なうのであり、現代の相撲取りにも多い「○○丸」という四股名の「丸」は男性を表す「麿」からきている。自然の海のなかを航行する船などの人工物も基本的に男性であり、船の名にも多く「丸」が使われている。

そうした自然や神々の象徴が、天照大神の流れをくむ（という）天皇なのである。それゆえ天皇は、生物学的な性とはかかわりなく、「女性格」的な存在であり、その天皇に仕える男性が政治を行なうというのが、日本社会の原型なのである。

そのような成り立ちのうえに立つ皇室は、平安期から明治維新まで、原則的に自らの軍隊をもたなかった。御所を守る兵もおらず、幕末に十津川郷士がボランティアで警衛を始めたのをきっかけに、各藩から十万石につき一名集められた親兵が後の近衛兵になったのである。

軍事も行政も外交も財政も男性格である武家――平安時代は藤原氏など――に任せ、「やまとことば」や「やまとうた」に代表される日本文化を継承するのが、明治維新までの皇室の一貫した象徴のスタイルだった。世俗的な権力をいっさい持たず、権威のみがあり、公務に縛られるばかりだから、天皇に成り代わろうとする者も出なかった。地上を統べる政権が次々に変わっても、皇室は変わらない。皇室は「姓」をもたないから、中国のような「易姓革命《えきせい》」も起きない。自らはもたない姓を下々に与え、権力にお墨付きを与える権威的存在が天皇なのである。

その意味では、皇室は西洋における神の存在に似ている。欧州の王室はみな、自らの権力を神から授かったとする「王権神授説」を掲げてきた。単に力が強く、戦争に勝ったから王になった、というのでは、人民は従わない。王は、神にお墨付きをもらったという形式で、地上の政治的権力を手にするのである。

権力を超えた「無私なる存在」

つまり皇室は、権力をもたないことによって権力を超越した、自然のような〝神〟となったのである。

明治期の思想家、福沢諭吉が、日本の天皇制と英国の王室制度を重ね合わせて書いた『帝室論』で、あらゆる政治的対立、権力闘争を超越する国家のショックアブソーバー（緩衝帯）が皇室であると説いた。

その天皇が、大日本帝国憲法下で統帥権を含むプロシャ型の巨大な権力を持ったことは、歴史的な非常事態である第一の開国期の過剰反応であったとおもうが、実はその時期においてさえ、天皇はいっさいの権力闘争を超える存在として国を守った、ともいえる。それを端的に表すのが、一九三六年に陸軍青年将校らが起こしたクーデターの二・二六事件や、終戦の決断という重要な局面において示された天皇の意思であった。

さまざまな意見の対立で国民が進退きわまった時、天皇にお任せすれば、対立する勢力のどちらでもない、いわば「無私」の立場で判断が下される。日本人はそう信じてきたし、そのように天皇システムを作ってきたといえるだろう。

重大局面で国家としての判断を間違わないためには、権力から離れたところで四六時中日本のことを考え、権力を超えてネーションの意思を表明できる「無私なる存在」が必要である。そう日本人は考えてきた。

だが、天皇が判断を間違わないためには、厳しい帝王教育が必要である。食べ物など身近なことについてもいっさい好き嫌いを口にしないのが、昭和天皇の生き方だった。自分が何かを言えば、良くも悪くもそれが社会に大きな影響を与える。そのことが身にしみていれば、安易に「私」の意見を言うことはできなくなる。「無私なる存在」であるためには、ある意味で自ら「私」の人格を否定する必要すらあるだろう。

日本人、というより人間は、「私」のことしか考えない。とりわけ戦後の日本人は、「私」と「私の家族」がもっと豊かでいい生活ができるように、汗水垂らして必死に働いてきた。そして、そうだからこそ余計に、天皇には「私」を超えて「公」だけを考えていてもらいたいと思うのだ。それが日本人が天皇に期待するものなのである。

その意味で、現在の「開かれた皇室」には問題がある。皇室が「開かれ」て身近になると、皇室の「私」の部分が否応なく目に入ってくる。皇室は御簾の向こうにいて、ふだんはあまり姿を見せないほうがいいのではないか。

　現在の天皇・皇后は、年間に約三〇〇の公務と約三〇の宮中行事をこなしているという。しかも、昭和天皇時代はほとんど天皇のみの出席だった公務に、現在は天皇・皇后がカップルで出席する。それが自らの戦後スタイルと信じているのだろうが、やはり忙しすぎるのではないか。

　いずれにしても、天皇が本来は女性格であり、軍を統帥するのが仕事ではないとすれば、「男系男子」というプロシャ皇帝的な規定は必要がない。女性天皇はもちろん、女系であっても構わない。

　権力を超えて日本文化の継続性を象徴するというシステムからすれば、血はつながっていることが望ましい。だが、「万世一系」も一種のフィクションであり、そう信じよう、という国民的な共同意思なのだと考えるべきである。

　第二六代継体天皇（五〜六世紀）は、先代の武烈天皇に嗣子《しし》がいないなか、五代前の天皇の子孫として遠い越前で探し出されたとされ、名前からしてピンチヒッターだった可能性が高い。それでも万世一系が保たれたと——国民の多くはフィクションであると思いつつ——受け入れてきたのである。中世の南北朝のどちらが正統かという議論も明治のころは盛んだったが、今の日本人はどちらでも構わないと考えているのだろう。皇室のDNAが一般の日本人のDNAより尊いと真剣に思っている日本人はごく少数ではないか。大事なのは、天皇システムなのだ。そう考えることが、民族の文化（生きるかたち）なのである。

皇室のあり方考える好機

権力から離れ、日本文化を伝える存在としての皇室。そうした本来の姿に戻すためには、皇室は京都に戻ったほうがいいとわたしは考えている。政治、経済、軍事、財政の中心である東京の真ん中に皇居があるというのも、男系男子の規定と同様、歴史的には明治以降の特殊な形態だ。日本文化の中心は、東京ではなく京都である。京都御所に遷《うつ》って公務も減らし、日本の伝統、すなわち日本の文化を変わらず静かに伝えていくべきだ。

もちろん、古いものを守ることだけが日本の文化的伝統ではない。皇室は常に、守るべき伝統はしっかりと守りつつ、新しく必要なものは大胆に取り入れ、その時代その時代の国民の規範となってきた。古くは飛鳥時代の仏教導入もそうだし、明治期に民主主義を宣布し、最初に洋装・洋食を取り入れたのも天皇だった。

国民は質素であることが美徳とされた時代、昭和天皇は穴の空いた靴下を三回まで縫い直させた。国民は自由で「私」の家族を大切にしなくてはいけないとされた戦後の規範が、現在の天皇・皇后の生き方である。

新しい物好きで、次々と外国の流行を取り入れるように見えながら、一方で古い伝統が強固に守られている。日本人は変わらないものがあるから変わっていける。そうした日本の絶妙なバランス感覚の中核に、皇室が存在する。

そう考えると、過去二〇〇〇年にわたって続いてきた天皇制は、これからも続いていくと考えるほうが自然だろう。西洋の王室には始まりがあり、したがって終わりもある。始まりをはっきりとさせない日本の皇室には、終わりもないのかもしれない。

日本を哲学した思想家、西田幾多部は「永遠の今」と言った。今の一粒のコメの中に昨年のコメの命があり、一〇〇年前、一〇〇〇年前のコメの命も生きている。同時に、今のコメの命は来年、一〇〇年後、一〇〇〇年後のコメに引き継がれていく。すなわち今の中に永遠がある。日本の皇室のあり方はそれを象徴している。

皇室に男子が誕生した今こそ、皇室をそうした本来の姿に戻す好機ととらえるべきだ。男子がいないからとりあえず女子の継承を可能にする、というやり方では、いずれ無理が出てくる。男子もいる自然な状態のなかでこそ、皇室の自然的あり方が規定されるべきだ。

安倍晋三新首相の唱える「美しい国」は、どうやら「強い国」と同義であるようだ。文化的に強い国であるならいいが、軍事的に強い国をめざし、その強い軍事力と皇室が結びつけられるようなことが万が一あれば、日本は大日本帝国憲法時代の過ちを繰り返すことになる。

皇室を考えることは、すなわち日本の国のあり方とその未来を考えることだ。深く真摯な議論が必要である。

初出一覧

第一章

「昭和天皇と反逆者」／書き下ろし

第二章

光格天皇から明治天皇まで／『大航海』No.45、近代天皇論特集　2003年1月

「明治」という時代／『産経新聞』明治天皇生誕150年特集欄　2002年11月2日

第三章

国際人としての昭和天皇／『正論』臨時増刊号「昭和天皇と激動の時代」2005年9月

昭和天皇は「戦争責任」をどうとらえたか／『CHUOKORON』連続企画「戦争責任、60年目の検証」2006年1月

天皇は「戦争への情熱」にとらわれていたか／『産経新聞』ビックス著『昭和天皇』書評　2002年9月7日

天皇「個人」に戦争責任を問う明確な意思／『週刊朝日』ビックス著『昭和天皇』書評　2003年1月24日

第四章

皇室危機の本質とは何か／『月刊Asahi』1994年2月

皇位継承と皇室のあり方／『別冊宝島』「皇位継承と宮内庁」インタビュー 2004年11月

女系天皇も容認すべき秋《とき》／『CHUOKORON』2006年3月

第五章

政治の彼方の虹／『文藝春秋』特別号　1989年3月

文化としての天皇政治／『図書新聞』1988年10月22日

民族の記憶の底に／『文学界』1989年4月

象徴天皇制のゆくえ／『エコノミスト』1989年5月25日

終章

天皇は古来「女性格」の存在である／『エコノミスト』2006年10月11日

●著者略歴

松本健一（まつもと・けんいち）

1946年群馬県生まれ。1968年東京大学経済学部卒業。1971年、評伝『若き北一輝』（現代評論社）で注目される。評論家、思想家、作家、歴史家として執筆を続ける。1983年中国・日本語研修センター教授。1994年麗澤大学経済学部教授、2009年より比較文明文化研究センター所長を歴任（2013年３月まで）。2010年10月から内閣官房参与（2011年9月まで）。1995年『近代アジア精神史の試み』（岩波現代文庫）でアジア・太平洋賞、2005年『評伝 北一輝』（岩波書店）全5巻で司馬遼太郎賞、毎日出版文化賞を同時受賞。そのほかに『遠望するまなざし』（ビジネス社）、『秋月悌次郎――老日本の面影』（中公文庫）、『海岸線は語る』（ミシマ社）など著書多数。

昭和天皇―畏るべき「無私」

2013年８月１日　初版発行

著　者　松本健一
発行者　唐津　隆
発行所　株式会社ビジネス社
〒162－0805　東京都新宿区矢来町114番地
神楽坂高橋ビル5F
電話　03－5227－1602　FAX 03－5227－1603
URL　http://www.business-sha.co.jp/

〈印刷・製本〉モリモト印刷株式会社
〈装丁〉常松靖史（チューン）
〈本文DTP〉茂呂田剛（エムアンドケイ）
〈編集〉本田朋子〈営業〉山口健志

ISBN978-4-8284-1719-6